圖解日本神話

奇幻基地

提到神話，各位有什麼樣的想像呢？恐怕許多人會想到宙斯的希臘神話，或是以奧丁為首的北歐神話吧！其實，日本也有足堪匹敵的神話流傳，那便是日本神話。

日本戰前的國家神道是一段令人厭惡的記憶。當時的國家神道相信日本是神的國家，從而犯下了向世界挑起戰爭的無謀行為，或許我們應該把它看作是日本政治一次重大而明顯的失敗，牢記在心中。是故，世間也存在著某種忌諱日本神話的傾向。

可是，日本的神話難道真是如此引人厭惡的東西嗎？

只要實際讀過日本神話就會發現，再沒有其他神話比日本神話來得和平了。無論是希臘神話、基督教神話或印度神話，諸神無不以殘酷手段討伐敵人，還將敵方的信仰者全數殺死，最後再拿來吹噓頌揚。然而，日本神話卻是例外地並沒有這等場面。日本諸神之間確實有刀兵爭戰、也會殺伐仇敵，不過這種情形並不多，也不會拿來自誇說嘴；不僅如此，日本的神明打倒敵人之後甚至還會搭救敵人的子孫，進而賜給他們新的職掌地位。若以現代的觀點遍覽世界神話，就會發現日本神話是全世界最平和的神話之一。

其次，日本是以多神教的世界觀建構其神道，也就是說，眾多神衹得以共存於神道之中。即便是地位低微的小神衹，其神話也未遭到捨棄，得以流傳至今。只不過與此同時，大量的偽書、偽傳說也未經淘汰存活了下來，而這些實為後世創作的神話和古代史（儘管其真實性已遭到學會否定）擁有許多信奉者是不爭的事實，如果將其視為日本諸神相關豐富故事的其中一種說法，不去吹毛求疵挑毛病，反而去享受它的話，又有何不可呢？一味愚信固然不可取，若能以享受童話創作的角度去閱讀，也很有趣。

儘管《古事記》與《日本書紀》往往統稱為記紀神話（『記紀』便是指這兩本書），然而這兩套神話之間卻有相當程度的差異。《古事記》的神話比較有名，《日本書紀》的神話卻不甚為人所知；諷刺的是，其實《日本書紀》才是日本的正史。針對縱情行文的《古事記》與執筆理智的《日本書紀》進行對照比較，相信是個相當有趣的體驗。

筆者以為，享受豐富的日本諸神物語是日本人民的義務，也是權利，不知各位讀者以為如何。

山北　篤

注：本書某些章節將稱《古事記》為「記」，稱《日本書紀》為「紀」，並將《舊事本紀》略稱為「舊」。

目 次

第1章
日本神話及其舞台

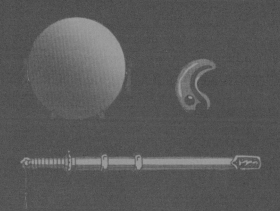

何謂日本神話

日本神話是世界眾多神話其中之一。不過，日本神話卻有其獨有的特殊性。

●溫柔女神的神話

何謂日本神話？顧名思義，就是指流傳於日本的神話故事。那麼，日本神話又有什麼僅為日本所獨有的特徵呢？

我們知道世界各地的神話之間有許多類似的地方，日本神話也有許多跟世界各國神話相當雷同的故事，例如**伊邪那岐下冥界**就跟希臘神話奧菲斯*的故事很像，木花之佐久夜毘賣的神話則與東南亞神話類似。

不過，日本神話也有其獨特之處，最大的特徵就是主神**天照大御神**是位女神。希臘神話的主神宙斯、印度神話的三位主神毗濕奴、梵天、濕婆等，大部分神話的主神都是男神。鄰國的中國神話裡，元始天尊和太上老君也都是男性，頂多就是在所謂的三皇五帝當中，偶爾會把女媧奉為三皇之一（但其實不將女媧視為三皇的說法還是佔多數）。

至今仍有紀錄留存的神話當中，以女神為主神（或主神之一）的，恐怕就只有日本神話和塞爾特神話而已了。

從奉女神為主神這點便可以想見，日本神話非常地和平。當然了，當中依然不乏戰亂或陰謀，可是與其他神話相較之下，還是明顯地少了許多。

絕大多數神話的主神通常都必須經過幾番惡戰方能贏得寶座，而且也不惜以各種殘酷的手段維持地位。

相反地，天照大御神當上主神卻全無爭端糾紛。只有在胞弟**須佐之男**來訪高天原時曾經一度採取武裝，就連那次也只是個誤會，根本沒有發展成任何戰鬥。須佐之男雖然大鬧高天原，可是從未想過要奪取天照大御神的地位，只不過是透過胡鬧來排遣自己的不滿而已。因此我們可以說，日本神話是個即便放眼全世界也相當罕見的和平神話。

*見P.226頁No.001注釋

日本神話特有的特徵

日本神話特有的特徵 ＝ 主神天照大御神是位女神。神話非常和平

天照大御神

現在仍有紀錄的神話當中，以女神為主神（或主神之一）的，僅有日本神話與塞爾特神話

大部分神話的主神都是男神

宙斯

奧丁

阿蒙＝拉

世界各主神

國家	主神	性別
希臘	宙斯	男
羅馬	朱比特	男
猶太	耶和華	男
基督教	神	男
埃及	阿蒙＝拉	男
塞爾特	大格達	男
	達奴	女
馬雅	胡那庫或庫庫爾坎	男
阿茲特克	泰茲凱特力波卡	男
印加	印地	男
印度	梵天、毗濕奴、濕婆	男
斯拉夫	斯伐洛格	男
北歐	奧丁	男
巴比倫	馬爾杜克	男
瑣羅亞斯德教	阿胡拉‧馬茲達	男
中國	元始天尊、太上老君	男
日本	天照大御神	女

關聯項目

●下黃泉國→No.019　　　　　　　●天照大御神→No.022
●天照大御神與須佐之男的誓約→No.023　　●須佐之男的亂行→No.026

八百萬神明的世界

傳說日本有八百萬神明，即便數量並非真的有八百萬，但日本神話存在如此大量的神明說法，究竟是何理由呢？

●萬事萬物均視為神明

日本神話號稱有八百萬神明。當然了，這麼龐大的數字根本就不可能數得清，所謂的八百萬其實是指「多得離譜」的意思，並不是說眞的有八百萬位神明存在。仔細一想，日本神明眞的是有夠多，爲什麼呢？

古代有所謂的**泛靈信仰**，這是一種相信無論是生物抑或無生物，萬物均有靈附宿於其中的思想。此思想在古代原本是世界共通的，後來因爲猶太教以及**繼**之而起的基督教、伊斯蘭教的流行，才遭貶低爲落伍未開化民族的思想，使得西方人至今仍還受到所謂「進步的民族應該信仰較爲進化的一神教」這種偏見的毒害。

的確，信奉泛靈信仰的民族大部分都沒有文字，無法留下古時候的紀錄，不過日本卻不同；日本維持了原有的泛靈信仰思想，並且從非常古老的時代就開始將神話記錄流傳下來。也就是說，**日本神話**早在千年以前就已經被記錄，而且如今仍存在於日本人的普遍信仰之中，這個事實恰恰是反駁西方所謂「泛靈信仰是未開化民族的信仰」之偏見的最佳反證。除了日本以外，還有中國、印度等好幾個多神教世界，早在古代便各自擁有繁榮的文明。

眞要說的話，基督教的聖人信仰（多位聖人各自職掌不同領域事物、守護人們），也可說是基督教無法完全摒除泛靈信仰所留下的遺風吧。

日本的眾神，就是維持日本古代固有的泛靈信仰，然後才發展成爲神明的。少走了一神教這段冤枉路的日本神話，或許可以說是最貼近人類原始想法的神話。

各種日本神明

天空中心之類的
抽象概念神祇

雨水河川等
自然現象或
自然物事神祇

農耕或戰爭等
人類活動之神祇

英雄、領神
神格化形成的神祇

祭祀生前餘有遺恨
者所形成的神祇

一神教與神道之差異

泛靈信仰 ＝ 相信萬物有靈的思想

基督教等一神教

泛靈信仰

↓ 變化

一神教（猶太教）

發展

基督教等宗教

源自猶太教

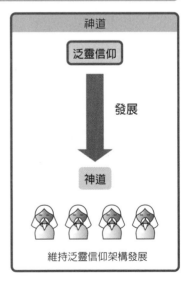

神道

泛靈信仰

發展

神道

維持泛靈信仰架構發展

關聯項目

●何謂日本神話→No.001

●復古神道→No.101

古事記

《古事記》不僅是日本現存最古老的史書，同時也是日本神話的寶庫。人們所知道的日本神話，幾乎全都是透過《古事記》而來。

●直到江戶時代以後才終於受到重視的史書

《古事記》是日本現存最古老的史書。其序文顯示，此書是和銅4年（711年）太安万侶將稗田阿礼所背誦的《帝紀》與《舊辭》筆記抄錄下來，並於翌年和銅5年（712年）獻予天皇的作品。

只不過，《古事記》之前其實應該還有其他史書存在。《日本書紀》寫到聖德太子《錄本記》，表示當時應該有某種形式的史書被寫下才是；這部書可能在大化革新時遭到焚毀，也可能是在搶救出來以後才散佚，如今已無流傳文本。

《古事記》雖是銜天皇之令所撰寫，但此書並非勅撰（奉令編撰）正史，嚴格來說算是因天皇個人意願而起筆的歷史書籍。講到這裡，許多人或許會以為《古事記》從以前就一直是頗受珍視的史書，但事實並非如此。

江戶時代的**賀茂真淵**視《古事記》為偽書，其弟子**本居宣長**反而主張此書是真品。其實在江戶時代以前，《古事記》跟正史《日本書紀》相比有段極明顯的落差、頗受輕視，就連**《先代舊事本紀》**都還比較受到看重，直到後來宣長著作《古事記傳》，此書才終於受到重視。

這又是為何呢？因為《古事記傳》是一部堪稱首開日本文獻學研究先河的精闢研究著作。時至今日，儘管因為後世的新研究新發現而有些許修正，學界仍舊經常直接引用宣長的解讀。而且，宣長還曾經在這部作品當中讚嘆《古事記》是一部懷有「大和心」的真品。《古事記》不像《日本書紀》那樣將各種不同異說一併記載下來而只採取單一說法的形式，是因為《古事記》是抄錄稗田阿礼口述而成的，他當然不會以「還有其他說法～」的方式如此背誦。

古事記是偽書的理由

後世的史書未見編纂古事記的記錄

即便是最新的抄本，也已經是抄錄於南北朝時代

晚古事記8年撰上（指編纂後呈獻）的日本書紀裡，完全看不見有任何參考古事記而著作的痕跡。

古事記 ➡ 獻予元明天皇

日本書紀 ➡ 獻予元正天皇（元明天皇之女）

照理說時間應該相當接近，卻未採錄古事記的說法

古事記以外的史書不曾提到稗田這個姓

兩種偽書論

序文偽書論	本文偽書論
序文為偽，本文為真。	序文與本文皆偽。

偽書

視為真品的理由

使用名為「上代特殊假名」的古老記載法，判斷應是該時代的書籍。不過，現代亦不乏有學會批判這種上代特殊假名，目前仍無定論。

➡

如今持偽書論的學者極少

真品

關聯項目

●日本書紀→No.004　　　　　　　●先代舊事本紀→No.005

●復古神道→No.101

日本書紀

《日本書紀》為日本首部官方史書，然而內容卻迥異於世界其他國家的史書。

●收錄異聞的史書

《日本書紀》是日本最古老的正史，《六國史》的第一部。本身並未記載作品成立緣起，不過承續其後的國史《續日本紀》將其記錄為正史。據其記載，舍人親王從前便致力於編纂正史，直到養老4年（720年）5月方告完成、呈獻予天皇。

《日本書紀》是參考前人所著數部史書以及各氏族紀錄、政府文書、外國文書等資料所撰寫，到此為止的內容都還很普通。所謂的正史通常都在主張「對國家來說，這個才是正確的歷史」，故有「正」史之謂，可是《日本書紀》記載同一事件時，卻還要在本文以外另行記載「一書曰」等數則異傳。或許是因為這個緣故，僅就本文直接讀下去，很快就會發現內容到處都互相矛盾。從這個角度來看，會發現《日本書紀》的性質跟中國等國所著正史有極大的不同。照理說，當時的官僚對中國正史應該知之甚詳，為何會編纂出如此特異的史書卻無明確的說明，至今仍是不解之謎。

只要花點時間閱讀，就會發現《日本書紀》的神話與《**古事記**》極大的不同，連最基本的神明名字都不一樣。譬如《古事記》說是**天之御中主神**，《日本書紀》則記載為**國常立尊**，無論名字或其所代表的意義皆不相同；數種異傳當中雖有與《古事記》較為類似者，卻被斥為異說而不予採信。

同一個國家裡獻予母女兩代天皇的史書，成書時間相隔僅八年的兩部作品，竟然連最基本的神明名字都不一致，而且引用各種書籍資料、收錄各類異傳的《日本書紀》，卻連一行字都不曾引用自《古事記》，這就是視《古事記》為偽書的主張者其中一個論據。關於這點，至今仍無法得到一個明確的說法。

日本書紀的成立

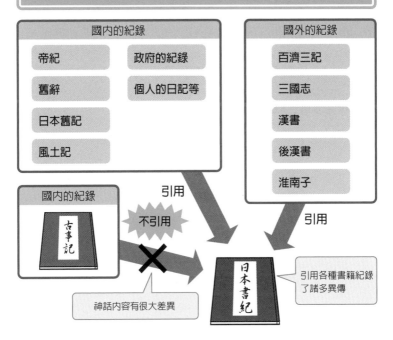

日本書紀 = 日本最古老的正史。六國史的第一部

國內的紀錄
- 帝紀
- 舊辭
- 日本舊記
- 風土記
- 政府的紀錄
- 個人的日記等

國外的紀錄
- 百濟三記
- 三國志
- 漢書
- 後漢書
- 淮南子

國內的紀錄

古事記

引用

不引用

引用

日本書紀

引用各種書籍紀錄了諸多異傳

神話內容有很大差異

六國史

年代	名稱	記錄的時代
720年	日本書紀	神代～持統天皇
797年	續日本紀	文武天皇～桓武天皇
840年	日本後紀	桓武天皇～淳和天皇
869年	續日本後紀	仁明天皇
879年	日本文德天皇實錄	文德天皇
901年	日本三代實錄	清和天皇～光孝天皇

關聯項目

●古事記→No.003

●世界之初始→No.011

先代舊事本紀

《先代舊事本紀》原先比《古事記》更受世人重視，如今卻被視為偽書，是一部沒落的不幸古代史書。

●平安時代便已經存在的《先代舊事本紀》

儘管現在被視爲僞書，但《先代舊事本紀》在江戶時代以前比《古事記》更受重視，是足堪與《日本書紀》齊名的重要史書。

序文裡寫到此書是推古天皇命聖德太子與蘇我馬子所編纂，但這個說法十分可疑，就連那些主張《先代舊事本紀》本文是眞品或至少擁有重要情報價值的學者，也都承認這篇序文是假的。這篇序文恐怕是在本文問世以後，爲賦予其權威方才追加上去的，證據就是無論從文體或用語各方面來看，明顯看得出來本文與序文應是不同人所作。

若僅就本文而論，可以確定《先代舊事本紀》是《古語拾遺》以後的作品（發現部分內容引用自《古語拾遺》），此書應該在9世紀前後便已經成書，的確是一部非常古老的文獻。

因其內容有許多物部氏相關記載，推測有可能是物部氏家族某個成員參考《日本書紀》以及氏族文獻所著。如此一來，那些《先代舊事本紀》所特有的記載便可以看作是採錄自物部氏傳說的部分。物部氏是古代最興盛繁的氏族（跟物部氏比，蘇我氏只不過是支新興氏族而已），有許多分家。

587年曾經發生蘇我馬子殺死物部氏的首領物部守屋、使得物部氏滅亡的事件，可是當時也是因爲有許多物部氏的分家選擇站在蘇我馬子陣營，蘇我馬子方能成功殺死物部守屋。換句話說，此事件或許不該看作是物部氏滅亡，而應將其視爲分家爭奪主導權才較爲貼近事實。因爲這個緣故，本家雖然滅亡但諸多分家卻興盛依舊，所以8世紀有物部氏的子孫留下文字紀錄，就也不足爲奇了。

判斷為贗作的古代史書

> **先代舊事本紀** = 從學術面來說雖是偽書，卻仍是重要史書

可以確定的是，這是一部至少可追溯至9世紀（平安時代）的古文獻。

判斷為贗作的理由

序文指聖德太子、蘇我馬子為作者。

就歷史學來說

即便是古文獻，只要製作者或者來歷有偽就會被分類為偽作。

平安時代對歷史的一種看法 + 內含《日本書紀》與《古事記》所沒有的傳說 ➡ 資料價值

> **先代舊事本紀大成經** = 根據先代舊事本紀著作的贗作

傳為江戶時代作品，是徹徹底底的贗作。

伊勢神宮之分宮伊雜宮的神官為提升自家神社權威而命人著作的作品。

⬆

誇大的宣傳冊

「其實伊雜宮才是伊勢神宮的內宮」

誇張

記載吹捧伊雜宮的內容。

關聯項目

●古事記→No.003　　　　　　　　　　●日本書紀→No.004

●古語拾遺→No.006

古語拾遺

《古語拾遺》是忌部氏為對抗中臣氏而匯整編纂的古史書。忌部氏想要利用這本書來提升家族價值與地位。

●為抗衡中臣氏而著的作品

《古語拾遺》是將**忌部氏**世代流傳的古代傳說及歷史匯整而成的作品，匯整者齋部廣成於大同2年（807年）將此書獻予平城天皇。他本姓忌部，於延曆22年（803年）奏請改姓齋部。

為什麼忌部氏會撰寫如此書籍獻予天皇呢？

因為自古以來天皇的祭祀向來都是由中臣氏與忌部氏一起掌管負責，曾幾何時卻變得唯獨中臣氏受到重視，忌部氏則愈來愈受輕視。中臣氏自大化革新（645年）以後就成為天皇側近、頗為興盛，兩家族勢力如此漸漸消長也是無可奈何的事。忌部氏看到中臣氏在政治舞台上活躍或許還能吞忍，可是連祭祀相關事項都受到冷落，想必非常難以忍受。

事實上，806年忌部氏與中臣氏就曾經為了祭祀的職權劃分而發生訴訟，忌部氏申訴應該要得到職權劃分，也在這個訴訟當下確實得到了有利的判決結果。但倘若就這樣下去，誰也無法保證同樣的事情不會再度發生，畢竟中臣氏是頗具權勢的家系，因此也有人認為《古語拾遺》就是忌部氏為避免舊事重演，先行向天皇提出將來可做為證據的資料。

《古語拾遺》寫的基本上都是《**日本書紀**》已經記載的神話，不過亦收錄有部分獨特的說法，譬如所謂的「兩種神器」。沒錯，《古語拾遺》裡所謂的神器只有八咫鏡和**草薙劍**這兩樣而已，這兩種神器是極受重視的天璽（身為神明子孫的證據）；書中寫到「矛玉自從」，可見勾玉與矛一起被擺在了從屬的立場。由於《神祇令》中記載到「忌部奉神璽鏡劍」的文字，因此這「兩種神器」或許是忌部家為了將自家職司置於高位而有的說法也未可知。

忌部氏與中臣氏的訴訟

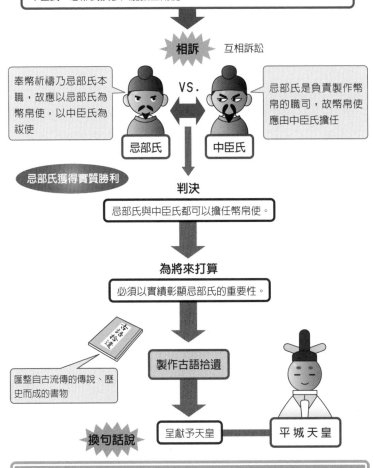

因中臣氏掌握權力，幣帛使（代替天皇獻供品給神明的職位）清一色是中臣氏，忌部氏頂多只能擔任副使。

相訴 互相訴訟

VS.

奉幣祈禱乃忌部氏本職，故應以忌部氏為幣帛使，以中臣氏為祓使

忌部氏是負責製作幣帛的職司，故幣帛使應由中臣氏擔任

忌部氏　　中臣氏

忌部氏獲得實質勝利

判決

忌部氏與中臣氏都可以擔任幣帛使。

為將來打算

必須以實績彰顯忌部氏的重要性。

製作古語拾遺

匯整自古流傳的傳說、歷史而成的書物

換句話說

呈獻予天皇　　平城天皇

古語拾遺 ＝ 忌部氏向天皇提出將來可供作為證據的資料

關聯項目

●日本書紀→No.004　　　　　　　　●古事記記載的倭建東征→No.058
●伯家神道→No.102

風土記

日本最古老的地方誌《風土記》也記載了許多神話，其中有些甚至還是在中央業已失傳、極為罕見的珍貴神話。

●各地方拼湊成的風土記

《風土記》是成書於奈良時代初期的地方誌；此書並非個人作品，而是國家循天皇命令編纂的官選著作。《續日本紀》裡提到，元明天皇於和銅6年（713年）五月甲子，制「畿內七道諸國郡、鄉名，著好字。其郡內所生，銀、銅、彩色（染料）、草、木、禽、獸、魚、蟲等物，具錄色目。及土地沃堉，山川原野名號所由，又古老相傳舊聞異事，載于史籍」（『著好字』指選用寓意良好、吉利的字），一般相信這應該就是製作《風土記》的命令。

不知編纂者是否真有意忠於這道命令，總之《風土記》並非只是一味單調地羅列土地氣候，而是一部將各地生活及當地流傳的古老神話全都一併蒐羅的綜合性地理誌。

所謂畿內就是指現在的京都、大阪、奈良，而近畿就是畿內與畿內近郊的意思。七道是指東海道（從三重到關東地區）、東山道（從滋賀經山中直到東北）、北陸道（從北陸到新潟、佐渡）、山陽道（現在的山陽）、山陰道（京都北部至山陰）、南海道（從和歌山到四國）、西海道（九州），分類方法跟現代大相逕庭。

書中有許多描述天皇巡幸並讚嘆該地美好、因得其名的記載，有人說其實各地原本就有國見、國讚（指年初等時節讚美土地以祈求豐收）之類的儀式，直到後來才被歸結於天皇的行為。

《風土記》由各個地方各自撰寫，編纂時代也各有不同，因此每個地方誌的內容或結構都有很大的差異。現僅出雲、播磨、肥前、豐後、常陸流傳較為完整，其他地區則都只剩下逸文（引用自其他文獻的部分）流傳。

風土記所及地區

風土記 = 奈良時代製作的地方誌。各地分別製作的紀錄

因元明天皇命令所作

隨著地區與時代的不同，各地方誌的內容與結構也有極大差異

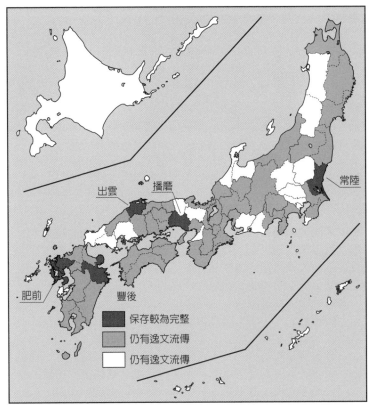

出雲
播磨
常陸
肥前
豐後

保存較為完整
仍有逸文流傳
仍有逸文流傳

關聯項目

●因幡的白兔→No.032　　　●稻荷神→No.073

●浦島太郎→No.083

No.008

高天原

大家都知道高天原就是日本神話中神明居住的地方，可是沒想到神話中提及高天原的場景卻是出乎意料地少。

●根本就沒有「たかまがはら」

　　一般人都把高天原唸作「たかまがはら」（Takamagahara），但這個字眞的是這樣唸嗎？其實高天原還另有「たかまのはら」（Takamanohara）「たかあまはら」（Takaamahara）等唸法。《古事記》等作品的本文都是以漢字書寫，怎麼讀其實並無定論（但『天』倒是指定必須唸作『あまAma』）。實際上，現在出版的《古事記》與《日本書紀》注釋均是以「たかまのはら」爲主流，從這點來說，日本神話裡就沒有「たかまがはら」。根據《古事記》記載，高天原從天地分開的那個瞬間便已經存在，然後**天之御中主神**，也就是宇宙的第一個神降臨到這裡；換句話說，高天原在所有神明尚未出現以前就已經存在了。地上世界是伊邪那岐與伊邪那美後來才創造出來的，然後**天照大御神**在伊邪那岐的指定之下成爲高天原的統治者。那麼世界被創造以後，高天原又在哪裡呢？答案是上方。神話曾經記載**天孫邇邇藝命**從高天原「降臨」地上，這表示高天原是一個必須下降才能來到地上世界的場所。

　　而且神話描述邇邇藝命降臨的時候，途中有位猿田毘子神向上照耀高天原、向下照亮**葦原中國**，再次顯示高天原位於上方。然而，《日本書紀》又是怎麼說高天原的呢？

　　令人驚訝的是，《日本書紀》的本文通篇竟然只有一個地方寫到「高天原」這個單字，它出現在敘述須佐之男出發去見天照大御神的那段故事中，有些學者甚至還主張，即便是這段敘述，當中的「高天」其實也是後世才演變形成的；異傳「一書曰」當中雖然曾經四度提及，可是《日本書紀》的神代篇幅裡其實鮮少講到高天原。那麼《日本書紀》究竟是如何指稱這個概念呢？其實就是純粹以「天」稱呼之。

高天原的位置

高天原就是 早在所有神明尚未出現以前便已經存在的眾神住處。
有「たかまがはら」「たかまのはら」「たかあまはら」等各種讀音

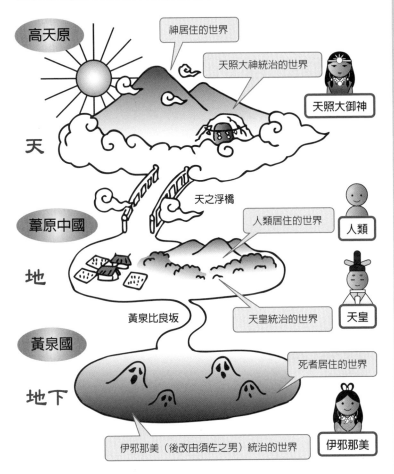

高天原

神居住的世界

天照大神統治的世界

天照大御神

天

天之浮橋

葦原中國

人類居住的世界

人類

地

天皇統治的世界

天皇

黃泉比良坂

黃泉國

死者居住的世界

地下

伊邪那美

伊邪那美（後改由須佐之男）統治的世界

關聯項目

● 地上世界→No.010　　　　　　● 世界之初始→No.011

● 天照大御神與須佐之男的誓約→No.023　● 天孫降臨→No.041

根國（根之堅州國）

日本神話曾經描述到好幾個人死後要去的地方，那究竟是相同場所但名稱不同，抑或根本是數個不同的場所呢？

●根國（根之堅州國）、黃泉國、常世國

此節所述日本神話異世界一般都說是死者的世界，其實並不盡然。《古事記》說到，伊邪那美神避[*1]以後住在**黃泉國**，也就是說，所謂黃泉國就是死後的世界。這黃泉國就是黃泉比良坂，當時仍與葦原中國（現世）相連，可以互通往來。

可是伊邪那岐從黃泉國返回以後，搬千引之石堵住了黃泉比良坂，從此現世與彼世便告隔絕。

後來須佐之男哭喊著要去「根之堅州國」尋找母親（事實上須佐之男是伊邪那岐獨自生下的神明，所以照理說他沒有母親），但伊邪那美應該是住在「黃泉國」，因此我們可以認為根之堅州國就是指黃泉國。

《古事記》另有講述**大國主神**為躲避兄長八十神之迫害而前往須佐之男統治的根之堅州國的記載。照這樣看來，後來須佐之男似乎確實抵達了目的地，不過此處的根之堅州國不像是死者的國度，至少須佐之男在這裡還有個名叫須勢理毘賣的女兒，大國主神將她從根國帶回後，她便為大國主神生下了子嗣。

《日本書紀》裡說到須佐之男是位殘忍且經常鬼哭神號的神明，父母認為不可讓他君臨這個世界，才將他放逐到根國去。其後，須佐之男又是攀上天界、又是前往出雲，最終在生下孩子以後出發去了根國。

而在《日本書紀》裡面，大國主神根本就沒有去根國。大國主神與**少彥名命**合力創造國家，後來少彥名命才去了常世國；一說常世國也就是所謂的彼世。換言之，日本所謂的彼世共有黃泉國、根國、常世國三種。

* 見P.226頁No.009注釋

日本神話中的多種彼世（死後的世界）

 日本的彼世 = 共有黃泉國、根國（根之堅州國）、常世國三種

高天原

天之浮橋

常世國

在海之彼方。（古事記）

亦即龍宮城。（萬葉集）

千濤萬浪自常世奔襲伊勢。（日本書紀）

海

葦原中國

黃泉比良坂

根之堅州國

同黃泉國。（古事記）

「根」同儀來河內*²，在海的彼岸。（柳田國男）

罪與穢厄流去的方向。（祝詞）

須佐之男與女兒住在此地，其女乃生者。（古事記）

黃泉國

位於地下。（古事記）

經黃泉比良坂連接至地上。（古事記）

同根之堅州國。（古事記）

似乎亦稱根國。（日本書紀）

關聯項目

●下黃泉國→No.019

●大國主神→No.034

●少名毘古那神→No.036

地上世界

葦草茂盛的濕原，只些許工夫便可化為殷實的稻田沃土，所以說葦原中國是塊極為豐美的土地。

●地上世界的豐美沃土

日本神話稱地上世界為葦原中國。日語中可將「やまと（Yamato）」此假名的漢字寫作「日本」，是因為《日本書紀》曾經記載伊邪那岐、伊邪那美產下大日本豐秋津島，所以這個寫法應是始自於《日本書紀》前後的年代；相同假名漢字作「大和」的寫法則首見於《續日本紀》和銅5年（712年）記載之中，但僅指相當於今日奈良縣的區域，而非整個日本。換句話說，儘管同樣讀作「ヤマト」，寫成「日本」的時候就是指日本，寫成「大和」的時候必須當作奈良。

葦原正如字面所示，指的是蘆葦生長茂盛的濕原，也經常以別名「神的田圃」被稱呼。中國就是指位於中心的國家，此語有中心之國，或者位在高天原與黃泉國中間的國家之意。

《古事記》首次提及此語，是在伊邪那岐從黃泉國歸來、對桃樹說話的時候。從前天照大御神欲使子孫統治葦原中國時，將地上世界讀作是「豐葦原之千秋長五百秋之水穗國」，此語是指蘆葦生長茂盛、能夠結成長長水穗（稻）的國度之意，是個很不錯的詞。《日本書紀》同樣在本文與一書裡都曾經提到葦原中國此語，在記載神武天皇時代的篇章以前，此書通常都是以葦原中國稱呼地上世界。

《日本書紀》的一書（異傳，其他傳說）也曾經出現過「豐葦原之千五百秋之瑞穗地」此語。只不過是出現在伊邪那岐、伊邪那美尚未產下國土之前，當時地上世界只有汪洋一片，多少會讓人覺得有點怪怪的。大國主神之所以在《古事記》裡別名葦原色許男神，《日本書紀》又稱他為葦原醜男，便是因為大國主神是葦原中國之神的緣故。另外，《萬葉集》*也曾多次出現「葦原之瑞穗國」的描述。

* 見P.226頁No.010注釋

地上界的中心

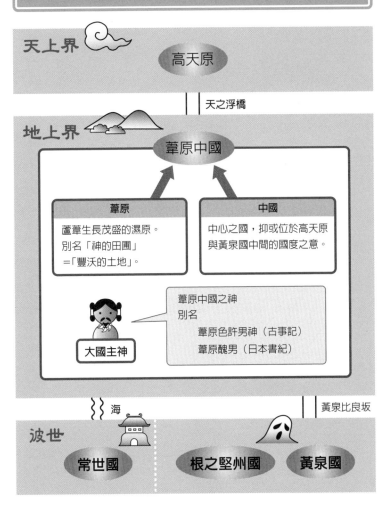

葦原中國 = 日本神話的地上世界 = 日本

天上界

高天原

天之浮橋

地上界

葦原中國

葦原	中國
蘆葦生長茂盛的濕原。 別名「神的田圃」 =「豐沃的土地」。	中心之國，抑或位於高天原 與黃泉國中間的國度之意。

大國主神

葦原中國之神
別名
    葦原色許男神（古事記）
    葦原醜男（日本書紀）

〉〉 海

黃泉比良坂

波世

常世國　　**根之堅州國**　　**黃泉國**

關聯項目

●淤能碁呂島→No.013　　　　●天照大御神→No.022

●大國主神→No.034

比較神話學

所謂的比較神話學，是指透過比較不同文化的複數神話，羅列闡明其中異同，以找尋出神話中普遍性主題為目的之學問。

尤其「世界的起源」「人類的起源」「死亡的起源」「文化的起源」「王權的起源」這五項，更是許多神話都非常關心的重要主題，容易就這幾項進行比較。

1、世界的起源

日本的國土孕生神話，屬於認為世界起初是一片「如水母漂浮般的」海洋的原初海洋型神話。此類由海洋創造出地面的神話廣泛分布於亞洲、歐洲、美洲各地。

2、人類的起源

日本神話對這個主題幾乎全無描述，頂多是講到從前伊邪那岐和伊邪那美分手時，伊邪那美曾經說過要「每日殺1000人」，而伊邪那岐答道「那我就搭起1500座生產小屋」而已。

3、死亡的起源

一般認為伊邪那美的陰部遭迦具土燒死的故事便是日本神話中死亡的起源，只不過這樣還不算絕對的死亡；直到後來伊邪那岐下黃泉國、從黃泉國落荒逃回以後，才使得死亡變成不可違逆之事。

這則神話與希臘的奧菲斯神話如出一轍，而紐西蘭的毛利神話裡也有類似的故事。

此外，日本神話講到邇邇藝命因為只挑選兩姐妹當中較美的那位而變得短命，也被視為是所謂香蕉型神話——從石頭與香蕉當中擇一，選擇石頭則堅固而長命，選擇香蕉則脆弱而早死——的另一種版本。

4、文化的起源

日本所謂從大氣津神的屍體中生出食物的神話，亦屬屍體化生神話之一，而從屍體長出作物的屍體化生型作物發生神話，則是被阿道夫‧延森（Adolf Jensen）稱為海奴韋萊型神話（Hainuwele）。不僅僅是東南亞，甚至太平洋諸群島和美洲等地都有此類神話，廣泛分布於世界各地。

中國亦是同樣，《山海經》的《海內經》記載：「有都廣之野，（農業之神）后稷葬焉。有膏菽、膏稻、膏稷，百谷自生，冬夏播琴」，據說此乃作物發生神話的遺風。

5、王權的發生

相當於日本神話所謂的天孫降臨，此類獲上天賜予王權的神話，廣泛分布於世界各地。

第 2 章
天上諸神的神話

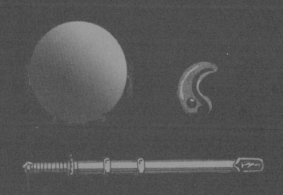

世界之初始

日本神話始於混沌世界，《古事記》說先有神明誕生，《日本書紀》卻說先有世界誕生。

●古事記與日本書紀相異的兩個創世

關於世界之初始，《古事記》與《日本書紀》有著相當大的差異。《古事記》說從前天地分離、高天原形成時，造化三神就誕生了。他們都是沒有配偶、沒有子孫的獨身神，後來就躲了起來。天之御中主神，其名乃是天空中心之神的意思，奇怪的是，神話裡卻完全沒有記載任何關於他的事蹟，因此有人認為他是象徵世界本身的神明。這位神明躲了起來，而且從此就再也沒有出現過。

高御產巢日神是產靈（＝生成）之神，據信是高天原系統的創造神。儘管神話中記載他是獨身神、躲了起來，但其實他沒有躲藏，還在高天原對眾神發施命令；甚至於後來**天孫降臨**神話中的主角邇邇藝命，他的母親就是高御產巢日神的女兒。

神產巢日神也是產靈之神，不同的是傳說他是出雲系國津神的創造神。這位神明也一樣，神話明明記載他自匿行蹤，卻仍然在天上界給予各種指示，出雲系神話更是曾經提到他幫助**大國主神**等諸多故事。

接下來出現的是宇摩志阿斯訶備比古遲神和天之常立神，他們兩位倒是真的躲了起來。宇摩志阿斯訶備比古遲神代表的是葦牙（蘆葦的芽）所象徵的成長力量，這位神明也是從此不曾出現過。以上五位神明合稱為「別天神」。天之常立神正如其名，這位神明象徵的是天之永存，也是與其後出現的國之常立神成對的神明。

相對地，《日本書紀》描述的世界初始卻並無眾神存在。起初世界仍是天地不分、無陰無陽，就像個混沌的卵。後來當中清澄的物質向上升起、濁滯的物質向下沉澱，始有天地區分；清澄的物質很快就聚集了起來，於是形成了天，可是濁滯的物質卻不易固化，直到後來才形成了地。至於《舊事本紀》描述的世界初始，則是與《日本書紀》幾乎相同的天地開闢神話。

古事記與日本書紀關於世界初始描述的不同

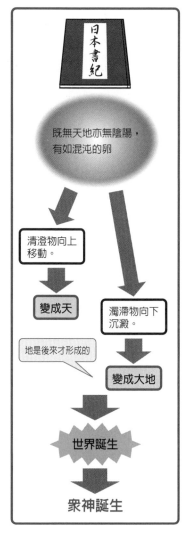

關聯項目

●大國主神→No.034

●高御產巢日神→No.070

●天孫降臨→No.041

●神產巢日神→No.071

神世七代

初期神祇有所謂的神世七代，各項文獻中的記載卻各不相同。

●幾乎全無活躍事蹟的神世七代諸神

《古事記》與《日本書紀》都曾記載名為神世七代的諸神祇，不過提到的神明卻有些許出入。

《古事記》提到，神世七代諸神乃出現於別天神之後。首先是國之常立神，這位神明與**天之常立神**相對應，象徵國之永續長存。令人不解的是，這對神明當中的天之常立神屬於別天神，國之常立神卻屬於神世七代，兩位神明竟是分屬於不同系統。

其次是豐雲野神。有說他是雲朵橫亙拖曳的原野之神，也有說他是混沌飄浮的神明，眾說紛紜並無定論。

接下來是男女雙對的神明。

宇比地邇神與須比智邇神分別是宇比地（＝泥土）與須比智（＝砂土）之神，可以算是土之神。

角杙神與活杙神是何種神明已不可考，一說乃木椿之神。

意富斗能地神與大斗乃辨神據傳是大所（大的房屋或大的場所）之神，奉為場所之神、居所之神。

再來就是**伊邪那岐神**與**伊邪那美神**了。

另一方面，《日本書紀》卻說神世七代才是最初的神明；國常立尊幾乎就等於《古事記》的國之常立神，不過《日本書紀》多了位名叫國狹槌尊的土神；此外，一般認為豐斟淳尊便相當於所謂的豐雲野神，以上三位屬於獨身神。

其後則依序是埿土煑尊與沙土煑尊、大戶之道尊與大苫邊尊、面足尊與惶根尊，《古事記》裡面都可以找到與其相當的神明。至於伊弉諾尊與伊弉冉尊（伊邪那岐與伊邪那美在《日本書紀》裡的名字），那當然是與《古事記》共通的。《舊事本紀》提到的神明則是數目更多、出入更大。

不同版本的神世七代

神世七代 = 天地分離以後依序出現的神明

古事記的神世七代	對應	日本書紀的神世七代
國之常立神		國常立尊
豐雲野神		國狹槌尊
宇比地邇神 和 須比智邇神		豐斟渟尊
角杙神 和 活杙神		埿土煑尊 和 沙土煑尊
意富斗能地神 和 大斗乃辨神		大戶之道尊 和 大苫邊尊
於母陀流神 和 阿夜訶志古泥神		面足尊 和 惶根尊
伊邪那岐神 和 伊邪那美神		伊弉諾尊 和 伊弉冉尊

舊事本紀的神世七代		
天祖天讓日天狹霧國禪日國狹霧尊	天御中主尊	可美葦牙彥舅尊
國常立尊	豐國主尊	天八下尊
角樴尊	妹治樴尊	別天三降尊
埿土煑尊	妹沙土煑尊	別天合尊
大苫彥尊	妹大苫邊尊	別天八百日尊
青橿城根尊	妹吾屋惶城根尊	別天八十萬魂尊
伊弉諾尊	妹伊弉冉尊	別高皇產靈尊

關聯項目

●古事記→No.003　　　　　　　●日本書紀→No.004

●世界之初始→No.011　　　　　●淤能碁呂島→No.013

淤能碁呂島

地上世界先有淤能碁呂島的誕生，然後伊邪那岐與伊邪那美才在這裡產下國土與眾神。

●層層泥土堆疊形成的島嶼

關於伊邪那岐與伊邪那美產下日本大地以及其他諸事物的神明這個說法，記紀（《古事記》與《日本書紀》）是共通的。《古事記》說天之神將天沼矛賜予伊邪那岐和伊邪那美，命他們「修理這漂浮之國使凝固成形」，附帶說明，這似乎是這個世界出現的第一句話（至少在紀錄裡是這樣）；於是兩位神明便站到了天之浮橋上，這天之浮橋是天之神降臨下界時使用的橋，飄浮於空中；兩位神明便從這裡向下伸出長矛，發出咕隆隆的聲音攪拌著海水。他們舉起長矛以後，海水便循著矛尖滴下、海鹽堆積形成了島嶼，即為淤能碁呂島。

淤能碁呂島似乎有「自行凝固的島嶼」之意。它是世界的第一個島嶼，位於何處不得而知。只不過《古事記》亦曾記載，從前仁德天皇曾經於淡道島詠唱過這麼一首和歌──「離於皇居，立難波岬，遙望國土，可視淡島，淤能碁呂，望檳榔島，佐氣都島」*。如此說來，淤能碁呂島應該就是從淡路島放眼可望見的瀨戶內海中的小島。

伊邪那岐與伊都那美降到這座島嶼以後，便在島上豎起天御柱，建造八尋殿（縱橫約14.5m的建築物）。

此時兩位神明便展開了那段著名的對話：

伊邪那岐：「汝身者如何成也」

伊邪那美：「妾身層層鑄成，然未成處有一處在」

伊邪那岐：「吾身亦層層鑄也，尚有凸餘處一，故以此吾身之凸餘處，刺塞汝身之未成處，為完美態而生國土，奈何」

伊邪那美「然善」

於是兩位神明就這樣結婚了。

* 見P.226頁No.013注釋

伊邪那岐與伊邪那美產下的國土

淤能碁呂島 = 世界第一座島嶼。有「自行凝固的島嶼」之意

向下伸出天沼矛攪拌海水。

▼

海水從矛尖滴落。

▼

於海上堆積形成島嶼

天沼矛

位置不明，一說是從淡路島放眼可望見的瀨戶內海小島

伊邪那岐與伊邪那美的結婚

天御柱 = 世界的中心。連接天與地的世界軸心

未成處有一處
||
女性性器

尚有一凸餘處
||
男性性器

天御柱

伊邪那美

伊邪那岐

以此吾身之凸餘處，刺塞汝身之未成處，為完美態而生國土

關聯項目

●古事記→No.003

●日本書紀→No.004

●失敗的結婚→No.014

失敗的結婚

伊邪那岐與伊邪那美降臨到淤能碁呂島以後結婚，豈料卻因為弄錯發言順序而致失敗。

●右與左

《古事記》記載伊邪那岐與伊邪那美的結婚儀式如下：

首先要繞行豎立於**淤能碁呂島**的天御柱。伊邪那岐說：「妳從右邊繞，我從左繞」，據說此說法乃是受到漢之緯書（漢代記載儒教神祕思想的書籍）《春秋緯‧元命苞》「天左旋，地右動」這段文字影響使然。除此以外，也有許多緯書記載到相同的內容，甚至某些緯書還有雄左行、雌右行的說法。

繞行柱子以後，接著就要彼此讚揚對方。當初伊邪那美先脫口而出說：「啊啊，多麼美好的男性啊」，然後伊邪那岐才接著說：「啊啊，多麼美麗的少女啊」；互相讚揚過後，伊邪那岐說：「不宜女方先開口」，不過他們還是同寢共眠生了孩子。

豈料他們卻生了個水蛭子，據傳水蛭子是個沒有骨頭、彷彿水蛭般的孩子，於是夫妻倆便將孩子置於蘆葦船中、放水流去。接下來他們又生下了淡島（請注意，此非淡路島），同樣沒能算是正常的孩子。

夫妻倆決定「我們先前生的孩子都不好，還是去天之神那裡把這件事告訴他吧」，於是便立刻前往**高天原**尋求天津神*的意見，眾神立刻以太占行卜；所謂太占，就是焚燒朱櫻樹皮烘烤鹿的肩胛骨，視其龜裂情形測定吉凶的占卜。結果發現當初不該由女方先開口讚揚對方，眾神遂命令他們重新來過。

於是伊邪那岐與伊邪那美便重新舉行結婚儀式。他們再次繞行天御柱，並確實由伊邪那岐先開口說：「啊啊，多麼美麗的少女啊」，伊邪那美才接著說：「啊啊，多麼美好的男性啊」，經過正確的儀式後再度同寢交合，才終於得以順利產子。

* 見P.226頁No.014注釋

重頭來過的婚禮

婚姻的儀式 = 伊邪那岐與伊邪那美繞行天御柱以後互相讚揚

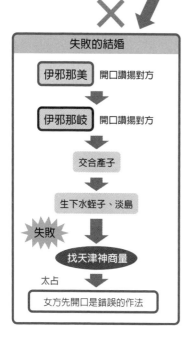

記

從右方繞行
伊邪那美

天御柱

從左方繞行
伊邪那岐

繞過柱子以後，開口互相讚揚對方

×　　　　　　　　　○

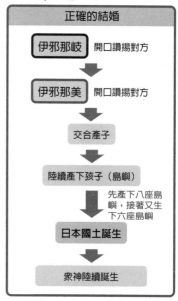

失敗的結婚	正確的結婚
伊邪那美 開口讚揚對方	**伊邪那岐** 開口讚揚對方
伊邪那岐 開口讚揚對方	**伊邪那美** 開口讚揚對方
交合產子	交合產子
生下水蛭子、淡島	陸續產下孩子（島嶼）
失敗	先產下八座島嶼，接著又生下六座島嶼
找天津神商量	**日本國土誕生**
太占	眾神陸續誕生
女方先開口是錯誤的作法	

關聯項目

●古事記→No.003　　　　　●高天原→No.008

●世界之初始→No.011　　　●淤能碁呂島→No.013

國生神話

伊邪那岐、伊邪那美產下日本國土諸島嶼的故事，如今已經流傳成為所謂的國生神話。

●八座島嶼

根據《古事記》記載，**伊邪那岐與伊邪那美經過正確的結婚**以後，生下了下列島嶼。

首先是淡道之穗之狹別島，就是現在的淡路島。有些歷史學家認為淡路島之所以第一個誕生，其中是有意義的；他們認為很可能是因為當初大和朝廷乃崛起自淡路島，後來才逐漸從淡路島向外擴張領地，遂有此說。倘若此說為真，則其領地便應當是以淡路島為起點，逐漸朝四國、九州擴張。

接著是一體四面的伊豫之二名島，這是個明明有四個名字，卻還要叫作二名島的莫名其妙島嶼。伊豫之二名島相當於今日的四國，伊豫國的愛比賣就是愛媛縣的神名，讚岐國的飯依比古是香川縣，粟國的大宜都比賣是德島縣，而土左國的建依別則是高知縣。隱岐之三子島就是現在的隱岐島。

筑紫島同樣也是一體四面的島嶼，相當於現在的九州；筑紫國的白日別幾乎等於現在的福岡縣，豐國的豐日別是大分縣與福岡縣的部分地區，肥國的建日向日豐久士比泥別是長崎、佐賀、熊本縣，而熊曾國的建日別則是鹿兒島縣與宮崎縣。接著誕生的是別名天比登都柱的伊伎島、別名天之狹手依比賣的津島，以及佐渡島。其後是大倭豐秋津島，此島別名天御虛空豐秋津根別，相當於今日的本州。

以上八座島嶼合稱為大八國。後來又有六座島嶼陸續誕生，分別是：名喚建日方別的吉備兒島（岡山縣兒島半島）、名為大野手比賣的小豆島、名為大多痲流別的冪島（山口縣大島）、名為天一根的女島（大分縣姬島）、名為天之忍男的知訶島（五島列島）、名為天兩屋的兩兒島（長崎縣男女群島）。

伊邪那美生下的島嶼

> **日本國土** = 先有八座島嶼（大八島國），然後又有六島誕生

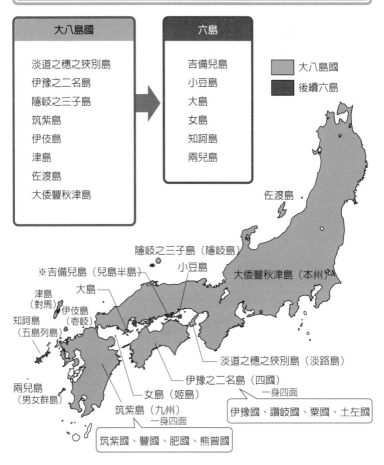

大八島國	六島
淡道之穗之狹別島	吉備兒島
伊豫之二名島	小豆島
隱岐之三子島	大島
筑紫島	女島
伊伎島	知訶島
津島	兩兒島
佐渡島	
大倭豐秋津島	

■ 大八島國
■ 後續六島

佐渡島

隱岐之三子島（隱岐島）
小豆島
※吉備兒島（兒島半島）
大倭豐秋津島（本州）
津島（對馬）
大島
伊伎島（壱岐）
知訶島（五島列島）
兩兒島（男女群島）
筑紫島（九州）
女島（姬島）
淡道之穗之狹別島（淡路島）
伊豫之二名島（四國）

一身四面
伊豫國、讚岐國、粟國、土左國

一身四面
筑紫國、豐國、肥國、熊曾國

※吉備兒島＝現在的兒島半島。原本是座島嶼，後來在本州與島嶼間築堤拓展陸地，至江戶時代已經完全與陸地連結，遂成兒島半島。

關聯項目

●淤能碁呂島→No.013

●日本書紀中的伊邪那岐與伊邪那美→No.017

●失敗的結婚→No.014

眾神的誕生

伊邪那岐與伊邪那美產下了諸多神明，方才使得日本的自然環境漸漸趨於完整。

●眾神名錄

結束生產國土的工作以後，伊邪那岐和伊邪那美接著孕育眾神。《古事記》列出的眾多神祇就是這兩位神祇及其子孫所生。

此刻誕生的神祇主要是岩石、山脈、河川等自然諸神；他們生下這些神明以後，地上始有這些事物存在。也就是說，直到大山津見神誕生以後，地上才有山的形成。

最早誕生的是六位與住居有關的神祇，名為家宅六神。先是做地基與材料用途的石頭之神、泥土之神，然後是門板、屋頂等住屋構造的神明，唯獨最後一位風木津別之忍男神的職掌不明，不知是何神明。

其次是與海、水相關的神明，後來進一步衍生出眾多海神水神。再來是大地的自然環境諸神，風動、樹木、山丘、原野等自然風景以神祇之形式誕生；尤其自從山神與原野女神出現之後，誕生的自然諸神更是特別地多。

就在這個時候，終於有位並非自然現象的神祇誕生，這位神明就是鳥之石楠船神，也就是所謂的**天鳥船**；這是一艘眾神搭乘的飛船，負責載運眾神前去平定地上世界的重要任務。

除此以外，大宜都比賣神也誕生了。照理說這位神明本是國生神話中一身四面的**伊豫之二名島**——亦即四國——其中之一，不知為何卻在這裡又再度誕生一次，莫非是記載錯誤？

伊邪那美到此為止順利陸續產下子嗣，可是生**迦具土**的時候卻被燒傷了陰部。順帶一提，迦具土在《古事記》中的正式名稱叫作火之夜藝速男神，別名火之炫毘古神，所謂的火之迦具土神，只不過是他的另一個別名而已，但不知為何後世文章都是寫作迦具土神，令人費解。

衆神名録

神名		日文平假名讀音	解說
大事忍男神		おほことをしをのかみ	不明
石土毘古神		いはつちびこのかみ	石、土之神
石巢比賣神		いはすひめのかみ	石、沙之女神
大戶日別神		おほとひわけのかみ	房屋門戶之神
天之吹男神		あめのふきをのかみ	屋頂修繕之神
大屋毘古神		おほやびこのかみ	房屋之神
風木津別之忍男神		かぜもつわけのおしをのかみ	不明
大綿津見神		おほわたつみのかみ	海神
速秋津日子神		はやあきづひこめのかみ	河口之神
速秋津比賣神		はやあきづひめのかみ	河口女神
速秋津比賣神之子 速秋津日子神與之子	沫那藝神	あわなぎのかみ	泡沫之神
	沫那美神	あわなみのかみ	泡沫女神
	頰那藝神	つらなぎのかみ	水面之神
	頰那美神	つらなみのかみ	水面女神
	天之水分神	あめのみくまりのかみ	分水嶺之神
	國之水分神	くにのみくまりのかみ	分水嶺之神
	天之久比奢母智神	あめのくひざもちのかみ	汲水瓢＝灌漑之神
	國之久比奢母智神	くにのくひざもちのかみ	汲水瓢＝灌漑之神
志那都比古神		しなつひこのかみ	風神
久久能智神		くくのちのかみ	木神
大山津見神		おおやまつみのかみ	山神
鹿屋野比賣神		かのやひめのかみ	茅草平原女神 別名 野椎神 (のづちのかみ)
鹿屋野比賣神與之子 大山津見神	天之狹土神	あめのさづちのかみ	山野的土之神
	國之狹土神	くにのさづちのかみ	山野的土之神
	天之狹霧神	あめのさぎりのかみ	山野的霧之神
	國之狹霧神	くにのさぎりのかみ	山野的霧之神
	天之闇戶神	あめのくらどのかみ	溪谷之神
	國之闇戶神	くにのくらどのかみ	溪谷之神
	大戶惑子神	おほとまとひこのかみ	不明，山野的迷路女神？
	大戶惑女神	おほとまとひめのかみ	不明，山野的迷路女神？
鳥之石楠船神		とりのいはくすぶねのかみ	神明乘坐的飛船，別名天鳥船 (あまのとりふね)
大宜都比賣神		おほげつひめのかみ	穀物和食物的女神
火之夜藝速男神		ひのやぎはやをのかみ	火神 別名 火之迦具土神 (ひのかぐつちのかみ)

關聯項目

● 古事記→No.003　　　● 國生神話→No.015

● 伊邪那美之死→No.018

日本書紀中的伊邪那岐與伊邪那美

《日本書紀》裡，伊邪那岐與伊邪那美的結婚並未失敗，但即便如此，他們的孩子似乎還是沒能符合父母的期望。

●日本書紀中誕生的並非島嶼而是州

《古事記》與《日本書紀》兩書對伊弉諾尊與伊弉冉尊結婚的記載有相當大的不同。最大的不同就是，《日本書紀》當中的結婚並未失敗。

降臨磤馭慮島（即《古事記》記載之淤能碁呂島）繞行國土中央的柱子當時，女神先開口說：「憙哉，遇可美少男」，不過伊弉諾尊立刻主張應當由男方先開口，然後在交合之前好好重新來過一遍。首先由男神開口以後，終於才展開了「汝身如何成也」的一連串問答。

換句話說，這兩位神明是經過**正確的結婚**以後才交合的，照理說應該會生出正常的孩子才是。

首先誕生的是淡路州。《古事記》裡把淡路視為完整而正常的島嶼，可是《日本書紀》卻說淡路「有不快意之處」，也就是說，儘管經過正確的結婚，同樣還是生下了失敗作。子女無法盡如己意，看來就連眾神也跟凡人有同樣的困擾。

不過兩位神明並未重新舉行結婚，仍然繼續生產，接著誕生的便是**大日本豐秋津州**，這是一座成功而正常的島嶼。

後來夫妻倆陸續生出伊予二名州、筑紫州、億岐州與佐渡州（雙胞胎）、越州、大州、吉備子州，合稱大八州國。按照大八州國這個說法，如果將雙胞胎島嶼視為一體，那麼儘管淡路州有未盡人意之處，似乎能算是大八州國的其中之一；如果把雙胞胎視為兩座島嶼，那麼淡路州就不能算入。

如前所述，《日本書紀》中兩位神明舉行正確的結婚以後不曾有過其他改變，卻仍舊生下了失敗作與成功作，結果讓《古事記》當中所謂重新舉行結婚、改由男神先開口讚揚對方的作法，變得不知究竟有何意義。

伊邪那岐與伊邪那美孕育的自然諸神

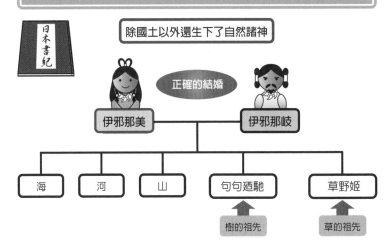

《日本書紀》裡　兩者的結婚並未失敗。生下的並非島嶼而是州

日本書紀

除國土以外還生下了自然諸神

伊邪那美　——正確的結婚——　伊邪那岐

| 海 | 河 | 山 | 句句廼馳 | 草野姫 |

句句廼馳 ← 樹的祖先

草野姫 ← 草的祖先

各古文書記載誕生土地之異同

記 古事記的大八島國	紀 日本書紀的大八州國	先 先代舊事本紀的大八州
淡道之穗之狹別島	淡路島（不盡滿意）	淡道州（不滿足之吾恥）
伊豫之二名島	大日本豐秋津州	伊豫二名州
隱岐之三子島	伊予二名州	筑紫州
筑紫島	筑紫州	壱岐州
伊伎島	億岐州與佐渡州（雙胞胎）	對馬州
對馬	越州	隱岐州
佐渡島	大州	佐渡州
大倭豐秋津島	吉備子州	大日本豐秋津州

關聯項目

●古事記→No.003
●日本書紀→No.004
●失敗的結婚→No.014
●國生神話→No.015

伊邪那美之死

《日本書紀》中，伊邪那美最後並沒有死，相對地，《古事記》裡的伊邪那美卻遭烈火焚身而死。

●瀕死之際仍然產下眾多神祇的伊邪那美

伊邪那美被自己產下的**火神迦具土**燒成致命重傷而痛苦地嘔吐，從嘔吐物當中生出了金山毘古神與金山毘賣神，從她的糞便中生出了波邇夜須毘古神與波邇夜須毘賣神，最後從漏尿中誕生的則是彌都波能賣神與和久產巢日神。這位和久產巢日神之子，便是豐宇氣毘賣神。

這段故事聽起來雖然骯髒又不光彩，不過這些神祇卻都是司掌金屬、陶器與農業等對人類來說不可或缺事物的神明。

於是乎，伊邪那美便就此神避（指神祇死亡）。

喪妻的伊邪那岐痛苦地哭喊，從他的眼淚中誕生了泣澤女神。附帶一提，這位女神就在奈良的香具山。然後，伊邪那美的屍體葬在了位於出雲與伯伎中間的比婆山。

其後，伊邪那岐舉**十拳劍**（所謂十拳是指劍刃有十個拳頭≒90cm長的長劍。此劍名叫作天之尾羽張，亦稱伊都之尾羽張）斬下迦具土的首級；從劍尖滴下的鮮血生出了石拆神、根拆神、石筒之男神，從劍身滴下的鮮血生出了甕速日神、樋速日神、**建御雷之男神**，劍柄滴下的鮮血則是生出了闇游加美神、闇御津羽神。據說這八位神明象徵的就是寶劍的製作過程，也就是指用火鍛冶礦石、用水使其硬化，而迦具土飛散的鮮血（火花）便意味著鍛造寶劍的光景。

接著從迦具土被砍成肉塊的屍體當中，又誕生出以正鹿山津見神為首的八位山神。

有趣的是，迦具土雖然如前述遭到斬殺，身體各部位也分別變成其他神明，可是迦具土這位神明卻仍然存在，事實上，日本祭祀迦具土的神社並不在少數。

誕生於伊邪那美死亡之際的諸神祇

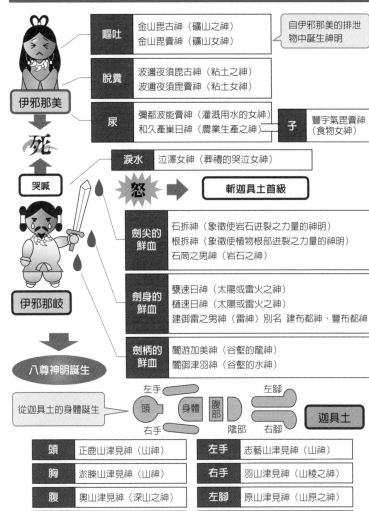

伊邪那美	嘔吐	金山毘古神（礦山之神） 金山毘賣神（礦山女神）	自伊邪那美的排泄物中誕生神明
	脫糞	波邇夜須毘古神（粘土之神） 波邇夜須毘賣神（粘土女神）	
	尿	彌都波能賣神（灌溉用水的女神） 和久產巢日神（農業生產之神）	子 豐宇氣毘賣神（食物女神）

死

哭喊

| 涙水 | 泣澤女神（葬禮的哭泣女神） |

怒 ➡ 斬迦具土首級

伊邪那岐	劍尖的鮮血	石拆神（象徵使岩石進裂之力量的神明） 根拆神（象徵使植物根部進裂之力量的神明） 石筒之男神（岩石之神）
	劍身的鮮血	甕速日神（太陽或雷火之神） 樋速日神（太陽或雷火之神） 建御雷之男神（雷神）別名 建布都神、豐布都神
	劍柄的鮮血	闇淤加美神（谷壑的龍神） 闇御津羽神（谷壑的水神）

八尊神明誕生

從迦具土的身體誕生

左手 頭 身體 腹部 左腳
右手 陰部 右腳 迦具土

頭	正鹿山津見神（山神）		左手	志藝山津見神（山神）
胸	淤滕山津見神（山神）		右手	羽山津見神（山稜之神）
腹	奧山津見神（深山之神）		左腳	原山津見神（山原之神）
陰部	闇山津見神（山谷之神）		右腳	戶山津見神（外山之神）

關聯項目

●伊邪那美之死→No.018　　　　●天照大御神與須佐之男的誓約→No.023

●大國主神的兩個兒子→No.039

No.019

下黃泉國

伊邪那岐為尋找伊邪那美而前往黃泉國，豈料那裡卻是他與伊邪那美永別之地。

●前往黃泉國與逃脫黃泉國之旅

伊邪那岐極欲與死亡的伊邪那美相會，遂決定出發前往黃泉國。當伊邪那美由平時緊閉的宮殿門口走出來的時候，伊邪那岐說：「親親吾妻，吾與汝所作之國未作竟，故望汝歸返」，伊邪那美答：「吾者爲黃泉戶喫（死者一旦攝取黃泉飲食，從此便屬於黃泉國）。然，親愛吾夫此來恐有不便，故欲歸返，且令與黃泉神相論，切莫視我！」

伊邪那岐原本只是在門口靜靜等待，後來他終於再也等不下去，便拿插在頭髮上的梳子折斷一齒，點火步入殿中，驚見伊邪那美的身體非但有無數蛆蟲竄出，甚至還有雷神糾結纏繞。伊邪那岐見狀嚇得落荒而逃，伊邪那美道：「竟敢辱我」，遂命黃泉醜女追擊。伊邪那岐趕緊拋出黑御鬘[*]，黑御鬘結成葡萄，他趁黃泉醜女忙著吃葡萄時趕緊逃跑，可是不久黃泉醜女又追了上來，伊邪那岐又將插在右鬢髮髻的梳子——湯津津間櫛——的梳齒折斷，拋出去變作竹筍。豈料，這次卻連八名雷神和多達1500名的黃泉軍也都追了上來；伊邪那岐一面舉**十拳劍**牽制後方追兵、一面逃跑，還摘了三顆結在黃泉比良坂底下的桃子投擲出去，只見黃泉的追兵全部四散逃跑。當時伊邪那岐便說：「請幫助這世間遭遇困難者吧」，將桃子命名爲意富加牟豆美命。

眼看伊邪那美就要追上來，伊邪那岐便以必須集千人之力方能搬動的巨岩堵住了通往黃泉比良坂的洞口。他跟伊邪那美離別時，伊邪那美說：「若然，我將每日殺現世一千人」，伊邪那岐則說：「若然，我將每日建造一千五百座生產小屋」。從此以後，伊邪那美便稱黃泉津大神，又因其窮追不捨亦稱道敷大神。伊邪那岐拿來堵住黃泉比良坂的巨岩，則稱道反之大神或黃泉戶大神。

* 見P.226頁No.019注釋

孕生自伊邪那美的雷神

雷神 = 從已經成為屬於黃泉國的死者——伊邪那美的身體裡誕生

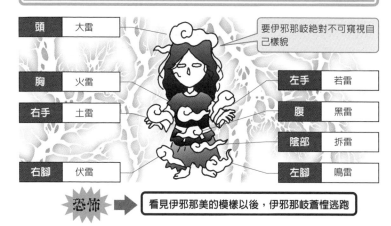

頭	大雷
胸	火雷
右手	土雷
右腳	伏雷

要伊邪那岐絕對不可窺視自己樣貌

左手	若雷
腹	黑雷
陰部	拆雷
左腳	鳴雷

恐怖 ➡ 看見伊邪那美的模樣以後，伊邪那岐蒼惶逃跑

負有咒術意涵的逃跑

世界許多神話都有 = 以三個道具陸續擊退追兵、成功脫逃的故事

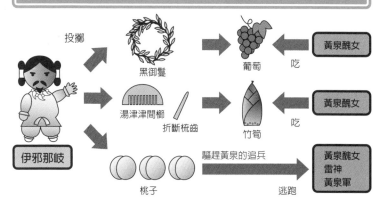

投擲

黑御鬘 ➡ 葡萄 ⬅ 黃泉醜女
吃

湯津津間櫛 / 折斷梳齒 ➡ 竹筍 ⬅ 黃泉醜女
吃

伊邪那岐

桃子 ➡ 驅趕黃泉的追兵 ➡ 黃泉醜女 雷神 黃泉軍
逃跑

關聯項目

●根國→No.009　　●伊邪那美之死→No.018
●天照大御神與須佐之男的誓約→No.023

誕生自祓禊的諸神祇

世界的第一次禊乃是為祓除黃泉國穢厄而行，而伊邪那岐也因此孕生出諸多神祇，使世界終於達致完整。

●災厄神與祓除災厄之神

逃離黃泉國以後，伊邪那岐說：「不想去到污穢之國，且行禊」。傳說這便是這個世界的首次行禊。

所謂的禊，就是指在遭遇到某種穢厄的時候以水潔淨身體。行禊可以使用事先汲取儲存或者水道中流動的水，不過仍然以親身前往河川、大海、瀑布等地的水源行禊為最佳。若選擇使用事先汲取的水，也可以使用冰水取代一般的水，以更加嚴苛的條件加諸己身，然後再行使祓禊。

現代人去神社參拜時會用手水洗手漱口，其實也是禊的其中一種。

話說伊邪那岐來到筑紫某個叫作日向之橘之小門之阿波岐原的地方，要在這裡行禊。只見他陸續將穿著佩戴的物品一一拋棄後，從中生出眾多神祇，共計十二位；前六位是陸路之神，後六位則是海路之神。

伊邪那岐下水的時候說：「上游水急、下游水弱」，決定從中間附近下水。他下水後洗濯身體，只見在黃泉國沾染到的穢厄竟然聚集起來，變成了災厄之神；其後，消除災厄之神所致災厄的神明也隨之出現了。

伊邪那岐下水以後，有三位綿津見神與三位筒之男神誕生。所謂綿津見便是大海的古語，也就是三位海神。至於筒之男指的則是獵戶座的三顆星星，這三顆星因為在夜裡非常顯眼，自古以來都是航海用以辨別方位的指標；是故，筒之男神不僅是星星之神，同時也是航海之神、船員水手的守護神。

伊邪那岐行禊到最後，洗左眼生出**天照大御神**，洗右眼生出**月讀命**，洗鼻子生出了建速須佐之男命；這三位神明由於身分特別尊貴，亦稱**三貴子**。

從伊邪那岐祓禊之中誕生的諸多神祇

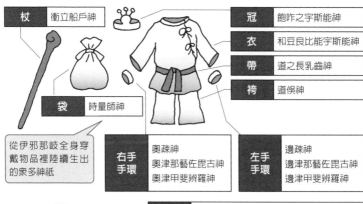

| 杖 | 衝立船戶神 |
| 袋 | 時量師神 |

冠	飽咋之宇斯能神
衣	和豆良比能宇斯能神
帶	道之長乳齒神
袴	道俁神

從伊邪那岐全身穿戴物品裡陸續生出的眾多神祇

| 右手手環 | 奧疎神
奧津那藝佐毘古神
奧津甲斐辨羅神 |
| 左手手環 | 邊疎神
邊津那藝佐毘古神
邊津甲斐辨羅神 |

| 驅除穢厄 | 八十禍津日神（引起災厄之神）
大禍津日神（引起災厄之神） |

同時

| 撥正穢厄 | 神直毘神（化凶為吉之神）
大直毘神（化凶為吉之神）
伊豆能賣神（『嚴之女』，止禍之神） |

下水洗濯身體

	綿津見三神	住吉三神
水面淨身	上津綿津見神（大海上層之神）	上筒之男神（獵戶座三星之神）
水中淨身	中津綿津見神（大海中層之神）	中筒之男神（獵戶座三星之神）
水底淨身	底津綿津見神（大海底層之神）	底筒之男神（獵戶座三星之神）

三貴子					
	洗左眼	天照大御神 （太陽女神）	洗右眼	月讀命 （月神、夜神）	洗鼻子

洗鼻子　建速須佐之男命（海神）

關聯項目

● 下黃泉國→No.019
● 天照大御神→No.022
● 日本書紀的三貴子→No.021
● 月讀命→No.029

日本書紀的三貴子

《日本書紀》描述的天照大神等三貴子誕生故事跟《古事記》完全不同，最根本不同就是《日本書紀》說他們是伊邪那岐與伊邪那美生下的孩子。

●父母雙親所生的天照大御神與須佐之男

其實在《日本書紀》裡，三貴子的誕生故事跟《古事記》完全是兩回事，甚至「三貴子」此語從來不曾在《日本書紀》出現過。最重要的是，《日本書紀》的神話當中，伊邪那美活得好好的。伊邪那岐和伊邪那美兩人商量：「吾已生大八洲國及山川草木，何不生天下之主者歟」，於是兩人便共同生下太陽之神，其名曰大日孁貴。沒錯，此處記載並非天照大御神，只有在大日孁貴數字旁邊用一行小字評注「別書作**天照大神**，或作天照大日孁尊」而已。

兩位神明說這孩子是所有孩子中最怪異者（指擁有異能或者與眾不同），應將其置於天上而非地上；接著他們又生下了月神，此處亦有評注「別書有**月弓尊**、月夜見尊、月讀尊等稱呼」。這孩子同樣也擁有姣好的美貌，由於他是繼太陽神之後誕生，因此夫婦二神也將他送到了天上去；其後誕生的乃是蛭兒。蛭兒是個直到三歲都還不會站的孩子，所以被丟到船上流放走了。相信許多人都沒想到，蛭兒竟然是三貴子的兄弟，而且還是伊邪那岐和伊邪那美經過正確結婚儀式以後生下的孩子。

最後是**素戔嗚尊**。他生性勇敢，卻能若無其事地做出殘忍的行為，而且老愛大哭大喊，喊得眾多世人因此喪生、山川樹木因此枯萎。為此，雙親遂命令：「汝甚無道，不可以君臨宇宙，固當遠適之於根國矣」。原來須佐之男並不是因為母親過世感到悲傷而哭泣，而且放逐須佐之男並非只是父親伊邪那岐的命令，就連母親伊邪那美也同意。這故事跟《古事記》根本是兩回事，照理來說《日本書紀》才是日本的正史，為何獨獨《古事記》的神話為世人所廣知，實在令人不可思議。

伊邪那岐與伊邪那美所生天下之主者

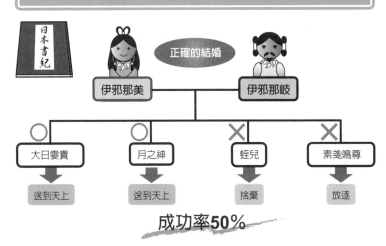

日本書紀裡 三貴子的誕生故事跟古事記截然不同

日本書紀

正確的結婚

伊邪那美 —— 伊邪那岐

○ 大日孁貴	○ 月之神	✕ 蛭兒	✕ 素戔嗚尊
送到天上	送到天上	捨棄	放逐

成功率**50%**

古事記與日本書紀的不同

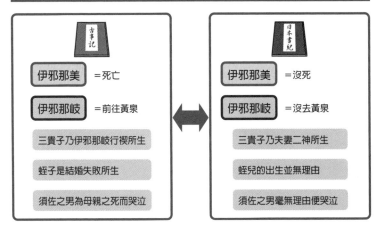

古事記	日本書紀
伊邪那美 ＝死亡	伊邪那美 ＝沒死
伊邪那岐 ＝前往黃泉	伊邪那岐 ＝沒去黃泉
三貴子乃伊邪那岐行禊所生	三貴子乃夫妻二神所生
蛭子是結婚失敗所生	蛭兒的出生並無理由
須佐之男為母親之死而哭泣	須佐之男毫無理由便哭泣

關聯項目

● 日本書紀→No.004　　　　　　　　● 天照大御神→No.022

● 天照大御神與須佐之男的誓約→No.023　　● 月讀命→No.029

天照大御神

放眼全世界各種神話，天照大御神便是位非常特殊的主神。不僅僅
因為她是女神，同時也因為她是全世界眾主神中罕見地不愛插手管
事、相當安分的一位主神。

●溫柔的大神

天照大御神（天照大神）是**高天原**最高位的太陽女神，同時
也是日本皇室的祖先。根據《**古事記**》記載，從前伊邪那岐從黃
泉國歸來以後，行**禊**清洗左眼時生下了她，名為天照大御神。

可是在《**日本書紀**》的本文裡，她卻是伊邪那岐和伊邪那
美所生，而且名字叫作大日孁尊，天照大神只不過是異稱而
已。《日本書紀》的一書（異傳）第一還記載到伊邪那岐說：
「當生治天下之珍子」，然後大日孁尊就在他左手拿著白銅鏡
的時候誕生了。

一書第二只說到太陽誕生而已。

第三到第五根本連提都沒提。

第六則是跟《古事記》幾乎相同，說她是在行禊清洗左眼
的時候誕生的。

第七到第十也沒有提到她。

第十一裡並未記載到其出生，只寫到天照大神是最初三御
子的其中一位，是高天原的統治者。

從這裡便不難發現，《日本書紀》的初期神話幾乎沒什麼
描述到天照大神。儘管她身為主神，卻是位鮮少有活躍事績的
神明。她本身是女性，原本就較不具攻擊性格，而且也很少跟
其他神明有爭端。另外她在決策時也經常會聽取高御產巢日神
等神祇的意見，很少獨自決斷。

日本神話之所以例外於世界各地神話、眾神間鮮少有爭鬥
發生，或許就是因為奉天照大御神這位女神為主神使然。

天照大御神的模樣

天照大御神 ＝ 神道最高神祇，太陽女神，亦是皇祖神

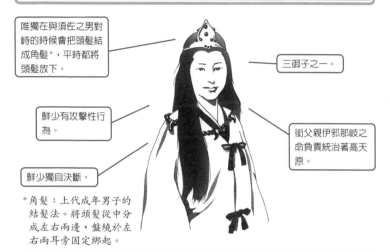

唯獨在與須佐之男對峙的時候會把頭髮結成角髮*，平時都將頭髮放下。

三御子之一。

鮮少有攻擊性行為。

銜父親伊邪那岐之命負責統治著高天原。

鮮少獨自決斷。

*角髮：上代成年男子的結髮法。將頭髮從中分成左右兩邊，盤繞於左右兩旁固定綁起。

古事記與日本書紀所記的不同出生

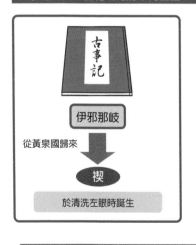

古事記

伊邪那岐

從黃泉國歸來

禊

於清洗左眼時誕生

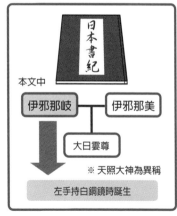

日本書紀

本文中

伊邪那岐 ── 伊邪那美

大日孁尊

※ 天照大神為異稱

左手持白銅鏡時誕生

關聯項目

●古事記→No.003　　　　　　　●日本書紀→No.004

●高天原→No.008　　　　　　　●誕生自祓禊的諸神祇→No.020

天照大御神與須佐之男的誓約

整部《古事記》當中，天照大御神唯獨只有在這段故事裡曾與人發生爭執，但就連這次都不曾刀刃相見。

●因為誤解而產生的對立

記紀（《古事記》與《日本書紀》）裡，須佐之男在出發前往**黃泉國**（根國）前，曾經為拜訪胞姐而前往**高天原**，可是須佐之男的威力實在太過強大，他只不過是向高天原前進而已，就使得大地與海洋都為之鳴動。

天照大御神見狀，認為弟弟此番肯定是要來奪取自己的國土，於是便解髮結作角髮並飾之以玉，背負箭筒、手持弓劍以待，在須佐之男來到以後質問之。

面對天照大御神的質問，須佐之男答自己無意背叛，只是想在前往黃泉國之前來打個照應，毫無半點陰謀企圖。

天照大神又問：「汝心清白如何證明？」，須佐之男答：「當行誓約以證」。

於是乎，兩人遂決定挾著安河、分處河岸兩方以盟誓約。

天照大神將須佐之男的**十拳劍**折成三段，濯以天之真名井之水，嚼碎以後吐了出來，生出多紀理毘賣命（別名：奧津島比賣命）、市寸島比賣命（別名：狹依毘賣命）、多岐都比賣命三位神明。

輪到須佐之男取天照大御神串綁珠玉的繩子洗過、嚼碎吐將出來，便化作了正勝吾勝勝速日天之忍穗耳命、天之菩卑能命、天津日子根命、活津日子根命、熊野久須毘命五位神明。

此時天照大御神宣言道，三位女神是由須佐之男持有物所生，故為須佐之男之子，從天照大御神之物孕化的五位男神則為天照大御神之子。

對此，須佐之男主張自己就是因為清白才會生出柔弱的女性，從而宣布獲得勝利。

武裝的天照大御神

天照大御神只有在胞弟須佐之男來到高天原的時候武裝過一次而已。

其實並未演變成刀刃相見。

須佐之男想在前往黃泉國以前看看姐姐（天照大御神），遂而前往高天原。

驚愕 **大地與海洋均為之鳴動**

以為弟弟是要來奪取國土，遂武裝以待並質問之。

須佐之男答欲以誓約證明其心清白。

天照大御神與須佐之男的誓約

天照大御神

將須佐之男的十拳劍嚼碎吐出

三位女神（須佐之男之子）

多紀理毘賣命

市寸島比賣命

多岐都比賣命

須佐之男

將天照大御神串綁珠玉的繩子嚼碎吐出

五位男神（天照大御神之子）

正勝吾勝勝速日天之忍穗耳命

天之菩卑能命

天津日子根命

活津日子根命

熊野久須毘命

須佐之男宣布獲勝

「我心清白，故生柔弱女性。」

關聯項目

●高天原→No.008

●下黃泉國→No.019

●伊邪那美之死→No.018

●天照大御神→No.022

日本書紀記載的誓約

儘管身為正史，可是《日本書紀》非但記述內容齟齬矛盾，甚至天皇家的祖先亦存有懷疑，是一部奇怪又特異的正史。

●落敗卻仍得饒恕的須佐之男

再看到《日本書紀》，書中又是怎麼描述**天照大御神與須佐之男**的那段對立呢？

《日本書紀》也說須佐之男去見天照大御神，天照大御神認為對方意在侵略、武裝出迎。須佐之男為證明己心，遂提議雙方誓約，到此為止的故事內容跟《古事記》幾無二致。

不過接下來就不同了。

須佐之男在祈盟誓約前宣言說道：「倘若所生子嗣是男性則表示其心清白，若為女性則代表自己確有二心」。剛好跟《古事記》恰恰相反。天照大御神遂折斷須佐之男的**十拳劍**，生下田心姬、湍津姬、市杵嶋姬；須佐之男則擊碎天照大御神的玉，生出正哉吾勝勝速日天忍穗耳尊（天皇家的祖神）、天穗日命、天津彥根命、活津彥根命、熊野橡樟日命。然後天照大御神又宣布三位女神為須佐之男所生，五位男神則是天照大御神之子。此處與《古事記》幾乎沒有兩樣。

照理說，須佐之男應當就此被認定為懷有二心，但不知為何須佐之男竟然還是能夠毫無滯礙地進入**高天原**。

《日本書紀》一書第一（異傳）卻記載天照大御神生的是三位女神，須佐之男生下五位男神，是故誓約乃由須佐之男獲勝；若是如此，須佐之男自然能夠進入高天原，可是這麼一來，天皇家的祖神就變成了須佐之男而非天照大御神，這樣難道不會有問題嗎？一書第三則說，天照大御神將須佐之男所生六名男神當作自己的兒子，所以天皇家血統雖屬須佐之男，卻是天照大御神養子，因此將天皇家視為天照大御神子孫也未嘗不可。關於這個部分的神話，《日本書紀》的記述明顯地相互矛盾，《古事記》的記述卻是首尾連貫一致，但並不代表它絕對是正確的，難保其中並未摻雜後世的修正。

處處矛盾的誓約

若須佐之男生下男神則表示其心清白 = 與古事記恰恰相反

更有甚者 | 本文、一書第一、一書第三的記述各不相同

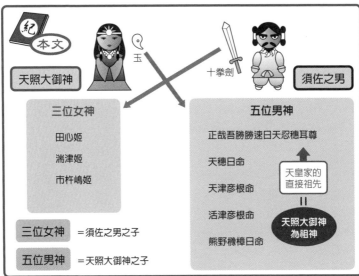

天照大御神

玉

十拳劍

須佐之男

三位女神

田心姬

湍津姬

市杵嶋姬

三位女神 =須佐之男之子

五位男神 =天照大御神之子

五位男神

正哉吾勝勝速日天忍穗耳尊

天穗日命

天津彥根命

活津彥根命

熊野櫲樟日命

天皇家的直接祖先

=

天照大御神為祖神

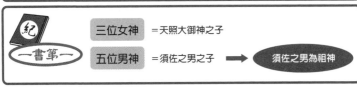

紀 一書第一

三位女神 =天照大御神之子

五位男神 =須佐之男之子 ➡ 須佐之男為祖神

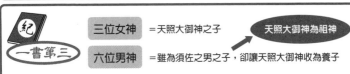

紀 一書第三

三位女神 =天照大御神之子 ➡ 天照大御神為祖神

六位男神 =雖為須佐之男之子，卻讓天照大御神收為養子

關聯項目

●日本書紀→No.004
●伊邪那美之死→No.018
●高天原→No.008
●天照大御神與須佐之男的誓約→No.023

其他文獻記載的誓約

除記紀以外，其他文獻也相當重視天照大御神與須佐之男的誓約，但記載內容也是同樣地混亂。

●無從判斷何者記載為真

不僅是《古事記》或《日本書紀》，其他文獻對這次誓約的記載同樣相當混亂。

《先代舊事本紀》所載與《日本書紀》較為類似。

兩位神明盟誓時，議定倘若生下女神便代表確有奸賊之心，若生下男神則收其為子、令其統治天原（即高天原）。

天照大神取須佐之男的三柄劍，創造出三位女神：十握劍生出瀛津嶋姬命、九握劍生出瑞津嶋姬命，八握劍生出的則是市杵嶋姬命。須佐之男則是取天照大神的八咫瓊五百箇御統玉創造出六位男神：左御鬘玉於左手掌生出正哉吾勝勝速天穗別尊、右御鬘玉於右手掌生出天穗日命、左御髻玉於左臂生出天津彥根命、右御髻玉於右方生出活津彥命、左御手腋玉於左足生出熯之速日命、右御手腋玉於右足生出熊野橡樟日命。此處記載之所以比《日本書紀》還要多出一位，或許是要讓左右兩邊珠玉的數目相同、取得對稱之故。

天照大神將劍中所生三位女神歸於須佐之男，珠玉所生六位男神則是歸於自己。儘管須佐之男生出的是女神，他還是直接進入了高天原。書中寫到，天照大神將男神「取為子養，令治天原」，搞不好這些男神其實是須佐之男的子嗣，後來才由天照大神將他們收為養子也未可知。

《古語拾遺》就更極端了，甚至根本就沒有誓約的記載。須佐之男為獻瑞之八坂瓊曲玉而現身，並與曲玉感應生下了天祖吾生尊，天照大神育之愛之。換句話說，天祖吾勝尊——也就是後來天孫降臨當中天津彥尊的父親——就血統來說算是須佐之男的子嗣，儘管他確實是天照大神的養子。

由於從前將此書獻予天皇時並未發生任何問題，因此可以猜想，至少奈良時代的天皇家其實並不太在意被寫作是須佐之男的子孫。

先代舊事本紀的誓約

若生男神則以其為子，令其統治天原 = 與日本書紀類似

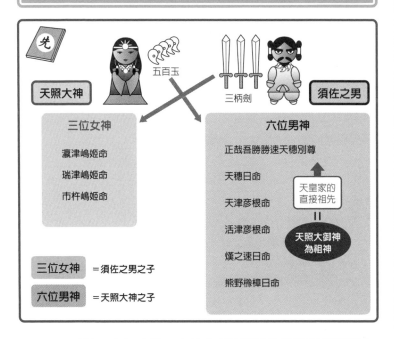

| 天照大神 | 五百玉 | 三柄劍 | 須佐之男 |

三位女神

瀛津嶋姬命

瑞津嶋姬命

市杵嶋姬命

六位男神

正哉吾勝勝速天穗別尊

天穗日命

天津彥根命 → 天皇家的直接祖先

活津彥根命 = 天照大御神為祖神

燻之速日命

熊野櫲樟日命

三位女神 = 須佐之男之子

六位男神 = 天照大神之子

根本沒有誓約的古語拾遺

古語拾遺記載 獻八坂瓊曲玉 = 並非誓約

天照大神 ← **獻上** ← 八坂瓊曲玉 ← 須佐之男

天照大神 → **育之愛之** → 天祖吾勝尊 ← **感應曲玉而生** ← 須佐之男

關聯項目

●先代舊事本紀→No.005　　　　　●古語拾遺→No.006

●天照大御神與須佐之男的誓約→No.023　　●日本書紀記載的誓約→No.024

須佐之男的亂行

進入高天原以後的須佐之男，無論怎麼看都不像是個性格正常者，甚至讓人覺得天照大御神有這樣的弟弟實在很可憐。

●受傷的是誰？

照理說須佐之男是在證明其心清白以後，方得進入**高天原**，但他在高天原的行止卻是惡形惡狀。

《古事記》是這麼記載的：他破壞田畦、埋填水溝；跑到天照大神新嘗祭品嘗新收成稻米的神殿裡拉屎；此時天照大神仍替弟弟說話，說須佐之男壞畦填溝是覺得那些田地沒有拿來種東西很可惜，至於神殿中的那些並非糞便，而是醉酒的嘔吐物。

可是須佐之男又跑到天照大神奉為聖地的織布場，趁織女正在折疊要獻神的衣物時掀開屋頂，並將花馬的馬皮逆剝*下來、丟進織布場，嚇得織女被梭（織布機穿橫線用的細長道具，現代日語寫作『杼』）刺穿陰部而死。

這下子連天照大神也覺得害怕，於是便緊閉**天之石屋戶**躲藏不出，全世界頓時陷入漆黑。

《**日本書紀**》的記載也相差不遠：須佐之男跑到田裡重複播種妨礙作物生長、填平水溝，還縱馬把田踏得亂七八糟；新嘗祭時跑到神殿裡拉屎，還趁天照大神在織布場時將馬皮拋進去。

記紀之間較為重要的差別在於，被梭刺傷的其實是天照大神本身；《日本書紀》雖然並未明文記載，但天照大神應該是陰部負傷，事實上，天照大神從此以後確實不再產下子嗣。

害怕的天照大神遂緊閉磐戶，躲藏起來。

《日本書紀》一書（異傳）則記載負傷而死的女神名叫稚日女尊。這個名字跟天照大神在《日本書紀》的正式名字大日孁貴相當類似，或許指的就是天照大神本身也未可知。就是因為如此，天照大御神才會如此替胞弟辯解、開脫。

*見P.226頁No.026註釋

須佐之男的惡行

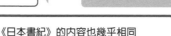 須佐之男 ＝ 三貴子之一，是海神。天照大御神胞弟

 證明其心清白得以進入高天原，卻數度搗亂

破壞田畦，填埋水溝。 ← 辯解 覺得土地未盡其利很可惜

掀開織布場屋頂、將花馬的馬皮丟進屋裡。

↓

織女受驚、遭梭穿刺陰部而死。

梭（現代日語寫作『杼』）

在天照大御神的神殿裡拉屎。 ← 辯解 那是醉酒嘔吐

 《日本書紀》的内容也幾乎相同

 重要的差別

遭梭刺傷的是天照大御神本身。

 恐怖

↓

害怕的天照大御神關上天之石屋戶，堅閉不出。

↓

世界一片漆黑。

❖ 對飲酒者相當寬容的日本

　　許多人都說日本素來對飲酒後的失態或惡行相當寬容。

　　可以發現，這其實是從古事記時代沿襲而來的傳統。在神殿裡拉屎乃屬惡行，若說是醉酒嘔吐倒還可以獲得原諒。

　　因此，天照大御神才會如此替胞弟辯解、開脫。

關聯項目

●古事記→No.003　　　　　　　　●日本書紀→No.04

●高天原→No.008　　　　　　　　●天之石屋戶→No.027

天之石屋戶

面對須佐之男的粗暴虐行，天照大御神並未與其對抗，反而躲了起來，迴避衝突。

●天照大御神搞自閉，眾神困惑

天照大御神躲進石屋戶裡去，世界頓時陷入黑暗。高天原固然幽暗，然則葦原中國卻更加黑暗，終於造成了許多災禍。

於是乎，所有神祇集合到天之安河原，請高御產巢日神之子思金神研擬對策。

首先，他們將常世國的長鳴鳥聚集起來、使其啼叫。其次則是製作八咫鏡，並採許多勾玉製作勾玉項鍊、燒獸骨以占天意，然後將這些東西全部掛在賢木*上面，由天兒屋命施以祝福。

然後天手力男神躲在門口陰暗處，天宇受賣命則是請神附身、半裸著身體跳起舞來，見到如此情形，八百萬神明都笑了起來。這聲響讓天照大御神覺得很奇怪，於是便把天之石屋戶開了個縫，問道：「照理說我躲起來以後世界就該是黑暗籠罩，天宇受賣為何跳舞，眾神又為何發笑？」天宇受賣答：「那是因為有比您更尊貴的神出現了，所以大家都很歡喜」。

趁著天照大御神好奇向外窺首時，天兒屋命與布刀玉命趕緊把鏡子搬了出來。儘管文獻並未明確記載，不過那鏡子想必反射了天照大御神的光芒，光彩奪目。天照大御神愈看愈覺得不可思議，終於從門口探出身去看清那面鏡子。

這時躲在門口陰暗處的天手力男神，趁機捉住天照大御神的手，把她拉了出來，布刀玉命則是在天之石屋戶張結注連繩，讓天照大御神無法再躲回去。如此這般，世界才終於恢復了光明。《日本書紀》關於這段神話的記述也大致相同。

唯一不同的是，《日本書紀》說張設注連繩使天照大御神無法躲回天之石屋戶裡去的是天兒屋命與太玉命；天兒屋命與太玉命分別是中臣氏與忌部氏的祖神，這想必是當時掌權的中臣氏想讓祖神在這段神話中也有參與貢獻之作吧。

* 見P.227頁No.027注釋

當初是如何將天照大御神請出石屋戶的？

天之石屋戶 ＝ 天照大御神為避免與須佐之男衝突而躲了起來

為使漆黑的世界恢復原狀，所有神祇聚集商議對策。

| 天宇受賣命跳起舞來，八百萬神明擺開宴會。 | 天照大御神覺得奇怪，開門露臉。 | 天手力男神趁天照大御神探出身捉住她的手，把她拖了出來。布刀玉命張設注連繩，以免她再躲回去。 |

 內容與《日本書紀》幾乎相同

 張設注連繩使天照大御神沒辦法躲回去的，是天兒屋命與太玉命。

注連繩*

一種張設結界的道具，例如在這段神話當中，於石戶張設注連繩之用意便是要防止天照大御神再次躲進去。

*注連繩為掛在神社前表示禁止入內，或新年掛在門前取意吉利的稻草繩。

關聯項目

●高天原→No.008
●天照大御神→No.022
●國生神話→No.015
●高御產巢日神→No.070

須佐之男的放逐

須佐之男諸多暴虐行止，就連天照大御神都因此躲進石屋戶緊閉不出，這次他的過錯終於無法得到饒恕了。

●須佐之男的罪與罰

儘管天照大御神順利歸來，眾神卻不饒恕須佐之男。

《古事記》說「使負千位置戶」（指擺列於諸多高台上的物品），據說這是以物贖罪的意思。

其次則是鬍鬚、手指甲與腳趾甲，不過情節卻視《古事記》手抄本的版本不同而異。**本居宣長**《訂正古訓古事記》裡的《古事記》是「切鬚，拔手足之爪」，岩波文庫出版的《古事記》採這個說法；亦有其他版本解釋為「切鬚與手足爪以為祓」，講談社學術文庫版《古事記》便是採這個說法。

前者屬於刑罰的執行。割鬚刮鬍對男性來說等同於失去名譽，這種想法遍見於世界各地，至於拔手指甲腳趾甲會造成劇痛，自然是種刑罰，等於是從名譽和肉體雙方面同時加以懲罰。至於後者也應該是種被除罪衍的行為，某些地區似乎就有這種割鬚剪指甲以避罪衍的思想。

上述何者為眞姑且不論，總之須佐之男要在接受處罰以後被逐出**高天原**。這點《日本書紀》亦同，不過卻明明白白地將其記載為刑罰。先是討取贖罪的賠償物品，然後還要拔頭髮、甚至於手指甲腳趾甲，刑罰非常嚴重。

《古事記》寫到，須佐之男遭放逐後曾向大氣津比賣神乞食，於是女神便從鼻子、嘴巴、屁股等處取出各種好吃的食物要替須佐之男烹調料理；豈料從旁窺見的須佐之男卻誤解大氣津比賣神是要污穢食物然後才給自己吃，便將其殺害。

只見從女神屍體的頭部生出蠶蟲、眼睛生出稻種、耳朵生出粟種、鼻子生出紅豆、陰部生出麥種，從屁股則是生出大豆。**神產巢日神**的母神遂取這些種子，以做為五穀穀種。

對須佐之男的處置

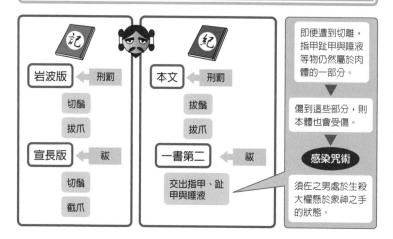

眾神對須佐之男的懲罰 = 古文書各異

岩波版 ← 刑罰

切鬚

拔爪

宣長版 ← 祓

切鬚

截爪

本文 ← 刑罰

拔鬚

拔爪

一書第二 ← 祓

交出指甲、趾甲與唾液

即便遭到切離，指甲趾甲與唾液等物仍然屬於肉體的一部分。

▼

傷到這些部分，則本體也會受傷。

▼

感染咒術

須佐之男處於生殺大權懸於眾神之手的狀態。

作物的起源神話

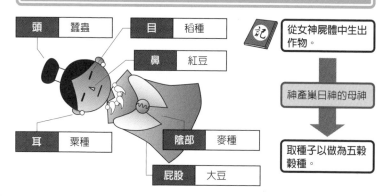

大氣津比賣神 = 食物女神。遭須佐之男誤解而殺害

頭 蠶蟲

目 稻種

鼻 紅豆

耳 粟種

陰部 麥種

屁股 大豆

從女神屍體中生出作物。

▼

神產巢日神的母神

▼

取種子以做為五穀穀種。

關聯項目

● 古事記→No.003

● 神產巢日神→No.71

● 高天原→No.008

● 復古神道→No.101

月讀命

儘管身為與天照大御神齊名的尊貴神明，月讀命在《古事記》裡卻全無活躍事績，倒是在《日本書紀》或多或少有出場的機會。

●活躍舞台遭須佐之男佔據的神明

《古事記》說月讀命乃**三貴子**之一，是**伊邪那岐**洗右眼時生下的男神，後來伊邪那岐就命他統治夜之食國（所謂食國就是統治的國家之意）。

可是月讀命從此再也沒有出現在《古事記》的記載當中，其他神話也全都不曾提到月讀命。

相對地，這位月神在《**日本書紀**》的一書（異傳，其他傳說）當中，倒還有些獨有的神話。

例如《日本書紀》第一卷第五段、一書第六當中，月讀命與須佐之男的神格就互換：天照大神統治的同樣是高天原，月讀尊統治的卻是滄海原，而素戔嗚尊則統治天下。

然而，同卷同段的一書第十一卻記載這麼一則神話：

天照大神聽聞保食神在葦原中國，遂讓月夜見尊前去相見。只見保食神面朝國土從口中取出飯、朝海從口中取出各種魚類、朝山從口中取出各種獸類，全部排開招待月夜見尊。

豈料月夜見尊卻怒道：「污穢、低卑！怎麼拿從嘴巴吐出來的東西要我吃？」，於是便拔劍斬殺保食神，然後回到天上將詳情報告天照大神。

天照大神聞言大怒，斥道：「汝惡神也，從此再不與汝相見」，所以天照大神與月夜見尊直到今日仍是各自分開生活，從此日月再也不曾同時出現。

這個故事在《古事記》裡，主角卻變成了須佐之男，或許這是因為月讀尊在神話中的角色遭須佐之男取代使然。

天照大御神的對手從月讀命變成了須佐之男?

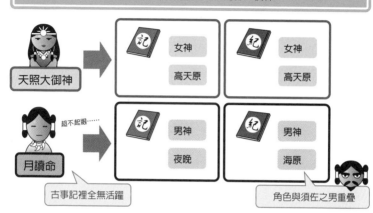

月讀命 = 三貴子之一。月神、夜神

天照大御神 →

記 女神 高天原

紀 女神 高天原

月讀命 → （超不起眼……）

記 男神 夜晚

紀 男神 海原

古事記裡全無活躍

角色與須佐之男重疊

日本書紀的作物起源神話

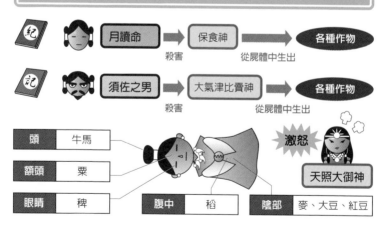

保食神 = 食物女神。遭月讀命誤解並殺害

紀　月讀命 → 保食神 → 各種作物
殺害　　從屍體中生出

記　須佐之男 → 大氣津比賣神 → 各種作物
殺害　　　從屍體中生出

頭	牛馬
額頭	粟
眼睛	稗

| 腹中 | 稻 |

| 陰部 | 麥、大豆、紅豆 |

激怒

天照大御神

關聯項目

●古事記→No.003

●誕生自祓禊的諸神祇→No.020

●日本書紀→No.004

●日本書紀的三貴子→No.021

八岐大蛇

日本神話裡最大的怪物，非八岐大蛇莫屬。牠那鋪天蓋地掩蓋山脈與峽谷的巨體和八顆頭顱恐怖模樣，足以與聖經所述邪惡紅龍相匹敵。

●正義的伙伴，須佐之男

須佐之男離開高天原以前，無論怎麼看都像是位惡神，可是一旦降臨到地上世界以後，就搖身一變成了英雄神。須佐之男降臨到出雲國（島根縣）肥河（斐伊川）上游某個叫作鳥髮的地方，看見河裡有筷子漂流，他想上游肯定有誰居住，於是決定前去探探。

他在那兒看見大山津見神的兒女——名叫足名椎與手名椎的兄妹老夫婦，還有他們的女兒櫛名田比賣，三人正在哭泣。原來這對夫婦原本有八個女兒，可是每年被高志的八岐大蛇（另說『高志』又寫作『越』』，即指來自北陸的侵略）吃掉一個，今年已經是最後一個女兒了。

傳說八岐大蛇的眼睛是赤紅色的酸漿果、八首八尾，身體長滿藤蔓與杉檜等植物，巨體足堪掩蔽八座峽谷及八座山丘，腹部總是滲血、肉塊模糊。

須佐之男表明身分，求老夫婦將公主嫁給自己做妻子，老夫婦遇如此尊貴者欲結姻緣自然是感激不已，於是便將女兒交給了他。須佐之男將公主變成梳子插在頭髮上，然後讓老夫婦去準備烈酒，命令他們在圍牆上開八道門，每道門後各自設置棧敷（以木板鋪設的座位），把裝著烈酒的甕放在那裡。

大蛇出現後，八顆頭顱全都喝得酩酊大醉、熟睡不起，須佐之男趁機舉劍將大蛇砍成好幾塊。順帶一提，這種蛇醉酒誤事的傳說遍見於全世界，是相當著名的神話主題。

須佐之男砍八岐大蛇尾巴時把劍刃砍出了缺口，於是他便剖開尾巴看看究竟，竟發現了一柄寶劍。須佐之男將此劍獻予天照大御神，是乃草薙之大刀。

《日本書紀》記載內容大致相同，卻說那柄從蛇尾中發現的劍別名叫作天叢雲劍，因為大蛇出現處上空總是雲朵叢集，直到後來日本武皇子的時候，方有草薙劍之稱。

八岐大蛇的模樣

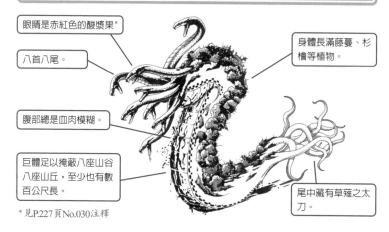

八岐大蛇 = 日本神話最大的怪物

眼睛是赤紅色的酸漿果*

八首八尾。

腹部總是血肉模糊。

巨體足以掩蔽八座山谷八座山丘，至少也有數百公尺長。

* 見P.227頁No.030注釋

身體長滿藤蔓、杉檜等植物。

尾中藏有草薙之太刀。

八岐大蛇相關事物都是八

八鹽折之酒	重複釀造八次釀成的烈酒。
八門	於圍牆周圍開八道門。
八棧敷	分別於每道門後設置棧敷座位，總共八座。
酒船	每座棧敷分別準備八個盛酒的器皿。
和歌	須佐之男擊敗八岐大蛇之後詠的和歌： 八雲立つ　出雲八重垣　妻籠みに 　　　　　　　八重垣作る　その八重垣を （八雲交疊湧起有如八重牆垣，且築八重牆垣以納妻子）
名字	將足名椎命名為稻田宮主須賀之八耳神。

關聯項目

●高天原→No.008

●古事記載的倭建東征→No.058

●小碓命與大碓命→No.056

●日本書紀記載的日本武尊東征→No.062

國津神的成立

所謂國津神乃指原本就存在於地上世界的眾多神祇，不過須佐之男儘管原屬天津神，其後代子孫同樣歸類為國津神。

●在地上世界開枝散葉的須佐之男子孫

《古事記》提到，須佐之男擊敗**八岐大蛇**、娶櫛名田比賣後，來到出雲的須賀之地說：「來到此地，心情甚是清暢」，便在這裡建造宮殿，此地遂有須賀之名*。然後他詠歌：「八雲立つ 出雲八重垣 妻籠みに 八重垣作る その八重垣を」（八雲交疊湧起有如八重牆垣，且築八重牆垣以納妻子），然後他又任命足名椎為宮殿首長，賜名稻田宮主須賀之八耳神，自己則與比賣結婚、繁衍子孫後代。

須佐之男的眾子眾孫，便是所謂的國津神。

須佐之男的六代孫就是**大國主神**。大國主神又名大穴牟遲神、葦原色許男神、八千矛神、宇都志國玉神，共有五個名字。

相對地，《**日本書紀**》對須佐之男到大國主神這段歷史的記述卻很簡單。他在清地這個地方建造宮殿、詠唱和歌倒是相同，不同的是須佐之男跟公主結婚以後立刻就生下了大己貴神；所謂大己貴神就是指大國主神，此處他並非六代孫，而是須佐之男之子。是故，《日本書紀》裡自然也沒有記述大國主神幫助因幡白兔、前往黃泉國的立身神話。

其次，須佐之男在生下大己貴神以後，立刻去了根國。

《古語拾遺》內容與《日本書紀》相同。大己貴神乃須佐之男之子，須佐之男生子後就去了根國。

《先代舊事本紀》更加極端，當初對須佐之男的懲罰便是將其逐出高天原與葦原中國，之後他就去了根國，所以既沒有殺掉八岐大蛇除害，也未在出雲建造宮殿，須佐之男與大己貴命之間完全沒有絲毫關係，只說到須佐之男表示自己的子孫將尊奉服事姐姐天照大御神而已。

* 見P.227頁No.031注釋

古事記與日本書紀各自記載的系譜

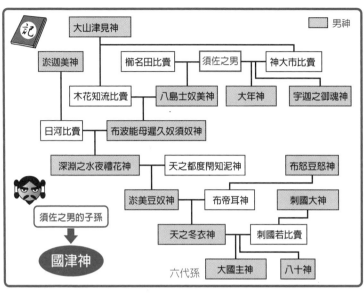

記　　　　　　　　　　　　　　　　　　□ 男神

大山津見神

淤迦美神

櫛名田比賣　——　須佐之男　——　神大市比賣

木花知流比賣　——　八島士奴美神　　大年神　　宇迦之御魂神

日河比賣　——　布波能母遲久奴須奴神

深淵之水夜禮花神　——　天之都度閇知泥神　　布怒豆怒神

淤美豆奴神　——　布帝耳神　　刺國大神

須佐之男的子孫
↓
國津神

天之冬衣神　——　刺國若比賣

六代孫　　大國主神　　八十神

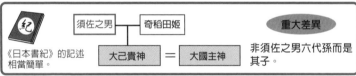

紀

須佐之男　——　奇稻田姬　　　　　重大差異

《日本書紀》的記述
相當簡單。

大己貴神　＝　大國主神

非須佐之男六代孫而是
其子。

❖ 從歷史角度來看天津神與國津神

　　若是從歷史的角度來看，後來組成大和朝廷的那些人所供奉信仰的神明便是天津神，其他人信仰的諸神就是國津神。

　　是故，一般相信大國主神本來跟須佐之男毫無任何關係。

　　後來創作神話的時候為求連貫，才蠻不講理地直接讓國津神大國主神變成了天津神須佐之男的子孫。

關聯項目

●古事記→No.003　　　　　　　●日本書紀→No.004

●八岐大蛇→No.030　　　　　　●大國主神→No.034

因幡的白兔

因幡的白兔雖大多以民間傳說、童謠等形式為世人所知，其實這故事原本是大國主神的其中一則神話。

●實為裸兔並非白兔

這則神話僅收錄於《古事記》與《因幡國風土記》而已。

大國主神的眾多兄弟（據說因為數目多，故稱八十神）全都出發要去跟稻羽的八上比賣求婚，當時大穴牟遲神（那時還不是大國主神）只是個背著大袋子的隨從而已。

一行來到氣多岬，發現有隻光溜溜的兔子躺在那裡。八十神教那兔子去用海水洗身體然後風乾，兔子也依言而行，卻搞得皮膚龜裂，更加痛苦。

此時大國主神晚了一步才來到，聽兔子把整件事都講了一遍。這兔子原本住在淤岐島（也可能是隱岐島？），可是很想來這裡，於是就騙住在海裡的鱷魚（實指鯊魚），提議雙方來比比看究竟是兔子多還是鱷魚的數量多；兔子提議鱷魚從島上在海中排列成一直線直到氣多岬，然後兔子就從鱷魚的背部跳過、邊跳邊數，就在快要抵達陸地的時候，兔子不小心說溜嘴「你被我騙了」，於是被最後一隻鱷魚捉住、剝光了衣服（另說為毛皮）。兔子正因此悲傷哭泣，又碰見眾神教唆去洗海水風乾，一弄反而更加痛苦。大國主神教兔子去河口用淡水洗身體，然後拿長在河口的香蒲花粉撒在地面、在上面打滾，如此就可痊癒。兔子終於恢復原狀，正是稻羽的素兔*。兔子很是感謝，對他說：「八十神是不會得到八上比賣的。即便你今天只是個背著袋子的隨從，八上比賣亦將由你所得」。

現代日本人將這隻兔子奉為掌管姻緣的兔神（因其牽成大國主神與八上比賣姻緣之故）。大部分將其寫作因幡的白兔，而素兔是裸兔的意思，原來毛色就不得而知了（當時日本的兔子並不是白色的）。至於《日本書紀》並沒有記載這故事，因為其中大己貴神乃須佐之男之子，本來就處於國家統治者的正統地位。

* 見P.227頁No.032注釋

兔子渡海的距離

因幡的白兔 = 大國主神的神話之一。僅收錄於古事記與因幡風土記

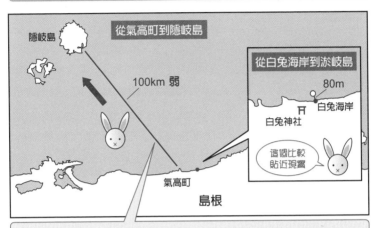

較古老的傳說記載兔子沿著鱷魚的背渡過圖中不到100km的距離，亦有說法指其遭洪水沖到海的另一頭，不過仍以距離海岸80m的淤岐島此說法比較貼近現實。

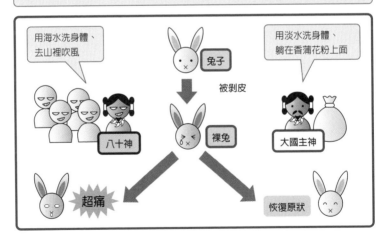

關聯項目

●古事記→No.003　　　　　　●日本書紀→No.004

●風土記→No.007　　　　　　●大國主神→No.034

大國主神的迫害與成長

《古事記》裡的大國主神在眾多兄弟當中只能敬陪末座，直到經過各種艱苦的奮鬥，最後打敗眾兄弟，成為第一。

●大國主神下冥界

　　根據《古事記》記載，八上比賣果然按照兔子預言拒絕八十神求婚，宣布要跟大穴牟遲神（就是後來的**大國主神**）結婚，激得八十神怒殺大穴牟遲神。大穴牟遲神兩度遭到殺害，兩度都因為母神而得以復活，後來便聽母親建議逃去木國投奔大屋毘古神。

　　八十神仍舊緊追不捨，拉弓搭箭要大屋毘古神交出大穴牟遲神。大屋毘古神讓他從樹岔逃跑，要他前往**須佐之男**所在的**根國**去。待他去到那裡，卻見須佐之男的女兒須勢理毘賣出現在眼前，倆人當下便眼神交會、互通心意。須勢理毘賣對父親說：「有位美麗的神來了」，須佐之男答：「我叫作葦原色許男*1」，於是須佐之男就讓他睡在到處是蛇的房間裡。須勢理毘賣拿了一條蛇的領巾，交待道：「如果蛇要咬你，就取領巾揮動三下」。大穴牟遲神依言而行，群蛇果然安分了下來，大穴牟遲神才安心入睡。隔天晚上睡的則是蜈蚣與蜂的房間，他同樣以蜈蚣與蜂的領巾渡過了難關。

　　須佐之男又往草原放箭，令大穴牟遲神去把箭找回來，然後趁他還在草原裡放火要燒死他，這時突然有隻老鼠出現，說：「裡頭空洞洞，外頭窄螫螫」，於是大穴牟遲神躲進地面的洞穴才逃過一劫，至於那枝箭，也是老鼠幫他找回來的。

　　這廂只見須勢理毘賣帶著置辦葬禮的道具，正在傷心地哭泣，就連須佐之男也認為他肯定已經死了，豈料大穴牟遲神卻平安無事地帶著箭矢歸來。接著須佐之男把他帶回家，又讓他替自己捉頭上的虱子，可是頭髮裡面其實都是蜈蚣；須勢理毘賣事先已經取糙葉樹*2的果實與紅土交給他，大穴牟遲神便將其咬碎吐了出來，須佐之男以為他已經幫自己把蜈蚣給咬死吐出，於是就睡著了。

* 見P.227頁No.033注釋

大國主神的三項試煉

許多神話的試煉或難關均以三為限
這則神話所述的兩種毒蟲房間合起來算是一個試煉。

① 蛇的房間，蜈蚣與蜂的房間。

取領巾揮三下

記得取領巾揮三下

靠毘賣給的領巾而逃過一劫

② 草原遭火攻（後來的倭建也曾經遭遇到同樣的危機）。

躲在地面的洞穴中

裡頭空洞洞，外頭窄鰲鰲

得老鼠相助，連箭都幫他找了回來

③ 正要幫須佐之男整理頭髮的時候，發現裡面竟然有蜈蚣。

咬碎後吐出口

把這些咬碎然後吐出來

以為大穴牟遲神咬的是蜈蚣，就此睡著了

靠著毘賣給的糙葉樹果與紅土逃過一劫

關聯項目

●古事記→No.003

●誕生自祓禊的諸神祇→No.020

●根國→No.009

●大國主神→No.034

大國主神

大穴牟遲神成功從須佐之男的掌握下逃脫以後，方得須佐之男賜名為大國主神。

●須佐之男有三寶

話說大穴牟遲神決定和**須勢理毘賣**一起逃出**根國**，於是趁**須佐之男**睡著時把他的頭髮綁在大石頭上，然後帶著須勢理毘賣和生大刀、生弓矢、天詔琴展開逃亡。

他們逃跑時天詔琴碰到樹木發出巨響，從而驚醒了須佐之男。好在他們仍然能夠趁須佐之男忙著解開頭髮之際，成功逃出根國。

須佐之男從黃泉比良坂對大穴牟遲神喊道：「且執生大刀、生弓矢在坂坡下伏擊眾兄長，把他們趕到河流淺灘去，成為大國主神，娶我女須勢理毘賣為妻，在宇迦山（即位於出雲大社東北方的御埼山）山麓以雄偉的宮柱建造宮殿」。這便是大穴牟遲神為什麼後來改稱大國主神的理由。也因為如此，一般都認為須勢理毘賣是大國主神的正妃。

後來大穴牟遲神果然驅逐八十神，建立了地上世界的第一個國家。也就是說，從此他成為名符其實的大國主了。

大國主神跟當初促使他前往根國的**八上比賣**也有正式的婚姻，可是她畏懼正妻須勢理毘賣，便把生下的孩子夾在樹岔、兀自回去了，故該神遂有木俣神之名。

神話記載至此，又另外插入了一則八千矛神求愛的故事。一般認為八千矛神是大國主神的別名，傳說他去向高志國的沼河比賣求婚，詠歌求歡。

但是大國主神的妻子須勢理毘賣是位善妒的女神，當初大國主神詠和歌說他想去大和的時候，她就曾經回詠：「你是男人，或許在各國都有妻子，可是我卻只有你」。也不知道是否這首和歌感動了大國主神，相傳夫妻倆便環頸相擁，和睦恩愛地共同鎮守國家。

大國主神得到的三件寶物

大國主神 = 得須在之男認可賜名，建立地上世界的第一個國家

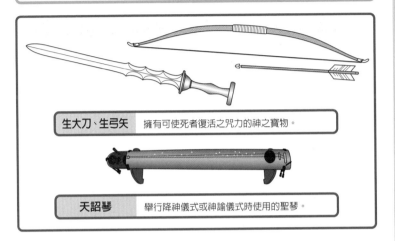

生大刀、生弓矢 擁有可使死者復活之咒力的神之寶物。

天詔琴 舉行降神儀式或神諭儀式時使用的聖琴。

大國主神的兩名妻子

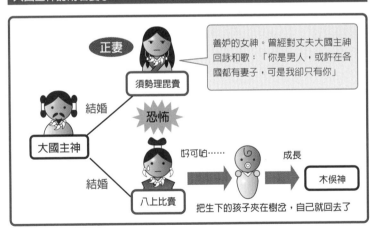

正妻

善妒的女神。曾經對丈夫大國主神回詠和歌：「你是男人，或許在各國都有妻子，可是我卻只有你」

須勢理毘賣

結婚

恐怖

大國主神

結婚

八上比賣

好可怕⋯⋯

成長

木俣神

把生下的孩子夾在樹岔，自己就回去了

關聯項目

●根國→No.009

●因幡的白兔→No.032

●誕生自祓禊的諸神祇→No.020

●大國主神的迫害與成長→No.033

大國主神的子孫

《古事記》說大國主神娶得眾多妻子，生有眾多子女。國津神當中有許多都是大國主神的子孫。

●娶了六個老婆的大國主神

大國主神娶多紀理毘賣命，生了阿遲鉏高日子根神（別名迦毛大御神）、高比賣命（別名下光比賣命）兩名子女。阿遲鉏高日子根神是以農具鋤頭為神體[*1]的農業之神，同時也是雷神；從他的別名，我們可以判斷他是位於奈良葛木的賀茂神社的神明。至於下光比賣命，則似乎是位周身有光華從下方映照、美麗耀眼的公主。

大國主神娶神屋楯比賣命，生了**事代主神**。這是位負責執行神諭神託的神明，後來會大大地派上用場。

大國主神娶八島牟遲能神之女鳥取神（想是出雲隔壁鳥取縣的神明），生下鳥鳴海神。鳥鳴海神娶日名照客田毘道男伊許知邇神，生國忍富神。國忍富神娶葦那陀迦神（別名八河江比賣），生速甕之多氣佐波夜遲奴美神。速甕之多氣佐波夜遲奴美神娶天之甕主神之女前玉比賣（應是幸魂[*2]之姬），生甕主日子神。甕主日子神娶淤加美神（司水龍神）之女比那良志毘賣，生多比理岐志麻流美神。多比理岐志麻流美神娶比比羅木之其花麻豆美神的女兒活玉前玉比賣神（生魂[*3]與幸魂之姬），生美呂浪神。美呂浪神娶敷山主神之女青沼馬沼押比賣，生布忍富鳥鳴海神。布忍富鳥鳴海神娶若晝女神，生天日腹大科度美神。天日腹大科度美神娶天狹霧神（霧神）之女遠津待根神，生遠津山岬多良斯神。

從鳥取神到遠津山岬多良斯神，合稱十七世之神；據說這是因為遠津山岬多良斯神是從**須佐之男**算下來的第十七代，但其實他是須佐之男的十五代孫，恐怕是算錯了。

但後來在重要場面中以大國主神之子身分出現的**建御名方神**竟沒有被列在這份子孫名單裡，實在是令人不可思議。

* 見P.227頁No.035注釋

古事記與日本書紀各自記載的系譜

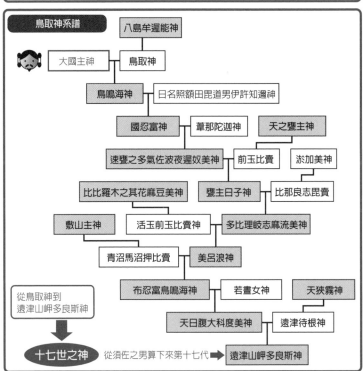

多紀理毘賣命系譜

男神

大國主神 ── 多紀理毘賣命

阿遲鉏高日子根神 ── 高比賣命

神屋楯比賣命系譜

大國主神 ── 神屋楯比賣命

事代主神

鳥取神系譜

八島牟遲能神

大國主神 ── 鳥取神

鳥鳴海神 ── 日名照額田毘道男伊許知邇神

國忍富神 ── 葦那陀迦神　　天之甕主神

速甕之多氣佐波夜遲奴美神 ── 前玉比賣　　淤加美神

比比羅木之其花麻豆美神　　甕主日子神 ── 比那良志毘賣

敷山主神　　活玉前玉比賣神　　多比理岐志麻流美神

青沼馬沼押比賣　　美呂浪神

布忍富鳥鳴海神 ── 若晝女神　　天狹霧神

天日腹大科度美神　　遠津待根神

從鳥取神到
遠津山岬多良斯神

⬇

十七世之神　　從須佐之男算下來第十七代 ➡ 遠津山岬多良斯神

關聯項目

●誕生自祓禊的諸神祇→No.020　　　　　●大國主神的兩個兒子→No.039

●讓國→No.040

79

少名毘古那神

許多神話都說世界乃由巨人所創造，可是日本神話卻說世界的創造者並非巨人，而是小小的神明。

●小小援助者

其實**大國主神**並非自己一人獨力創造國家。

當初他來到御大的御崎（或說是現在島根縣的美保町）此地時，忽然看見有位乘著蘿摩船（蘿摩*¹芋製成的船，約10cm大小），披著蛾皮的小小神明出現。

大國主神問他叫什麼名字又不回答，再問與他同行的神明知不知道。就在這個時候，蟾蜍說崩彥（即稻草人。稻草人雖然無法行走，據說卻是知天下事的神）肯定知道，於是大國主神便召崩彥前來一問，原來小小神明是**神產巢日神**之子少名毘古那神（小矮人之神，來自常世國的農耕之神）。

再去詢問神產巢日神，神產巢日神也說那是從我手指縫滑落的兒子，要他跟大國主結成兄弟、共同創造國家。兩人遂協力鞏固國家，完成後少名毘古那神就離開，前往海原彼岸的常世國了。

《**日本書紀**》本文未曾提及，不過他卻是以少彥名命此名出現在第一卷的八段一書（異傳）第六當中。

大己貴神（即大國主）掃平國家後，有次在出雲國的五十狹狹海岸正要用餐，忽然從海上傳來人聲，奇怪的是放眼望去又不見人影。過了一會兒，竟然發現有個小小的男人以白薟*²皮作船、披鶺鴒*³羽為衣，漂流於波浪之間。少彥名命在《日本書紀》裡是高皇產靈尊之子，是位喜歡惡作劇、不聽教誨，從手指縫中墜落的神明。兩位神明遂齊力創造了國家。

大國主神問：「你覺得我們的這個國家，造得好不好？」，少彥名命給了個意義深長的回答：「有些地方造得很好，有些地方造得不好」，然後就從熊野岬離開去常世鄉了。

* 見P.227頁No.036注釋

創造世界的小小神明

少名毘古那神 = 小矮人之神、農耕之神。與大國主神共同創造國家

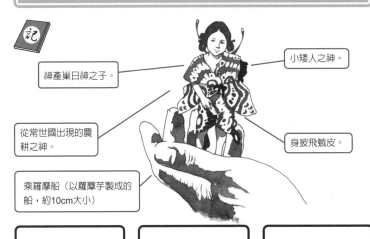

神產巢日神之子。

小矮人之神。

從常世國出現的農耕之神。

身披飛蛾皮。

乘羅摩船（以蘿藦芋製成的船，約10cm大小）

大國主神遇少名毘古那神於御大的御崎。得知其為神產巢日神之子。

神產巢日神命其結為兄弟、共造國家。

兩人合力鞏固國家，後來少名毘古那神離開，去了海原彼岸的常世國。

《日本書紀》的故事也大致相同

《古事記》說

《日本書紀》說

差別處

《古事記》說	《日本書紀》說
少名毘古那神	少彥名命
羅摩船（羅摩果實）製成的船	白薟皮製成的船
蛾皮衣	鷦鷯羽衣
神產巢日神之子	高皇產靈尊之子

關聯項目

●日本書紀→No.004　　　　　●大國主神→No.034
●神產巢日神→No.071

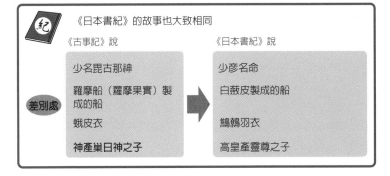

大物主神

大物主神雖多以奈良三輪山之神為世人所知，不過他也是一位擁有蛇神、豐饒神等面向，聚集眾多信仰的神明。

●從大國主另行衍生的神明

根據《古事記》記載，**大國主神**失去**少名毘古那神**以後，煩惱自己無法獨力繼續創造國家，遂決定另尋神明共同從事造國工程。這時候恰恰有位神明，把海面照得亮晃晃地、朝此處而來。那神說：「祭祀我，我就助你造國，否則國家肯定無法完成」。大國主問道該如何祭祀，他回答說須擇大和周圍群山當中的東山（即奈良縣櫻井市的三輪山）淨化祭祀。

此處雖然並未明確記載其神名，不過從祭祀場所判斷，這位神明應該就是**三輪山**大神神社所祭祀的大物主神（三輪明神）。

《日本書紀》對這段也有相同的描述。

《日本書紀》第一卷的八段一書（異傳）第六記載，大己貴命（大國主），落單以後獨自前往國內各地繼續從事造國的工作。當他來到出雲時，曾經說道：「葦原中國本是荒蕪的廣袤土地，岩石草木俱皆強硬。可如今我降伏萬物，無敢不從。如今此國只我一人統治，且不知有無能與我共治天下者」。頓時間，異樣光華照亮海面，復有人物從中現身。那人道：「當初要不是我，你決計無法平定此國。正因為有我，方才使你得以造國成功」。大國主問：「汝是何人」，答曰：「我乃為你帶來幸運的不可思議之魂（幸魂、奇魂*）」。此即神道所謂一靈四魂（**荒魂**＝象徵荒暴勇猛，同時也象徵災禍；**和魂**＝帶來和平；幸魂＝帶來幸運；奇魂＝透過奇跡帶來直接性利益）的其中之二，這便是大三輪之神。

除此以外，書裡面也寫到大神神社的由來，該神社所祭祀的是大國主神的和魂。

* 見P.228頁No.037注釋

三輪山之神

大物主神 = 奈良三輪山之神。同時也是蛇神、豐饒神

我獨自一人該如何造國？有沒有哪個神可以協助我造國？

大國主神

祭祀我，我就助你造國，否則國家將無法完成

大物主神

擇大和周圍群山當中的東山（即奈良縣櫻井市的三輪山）淨化祭祀

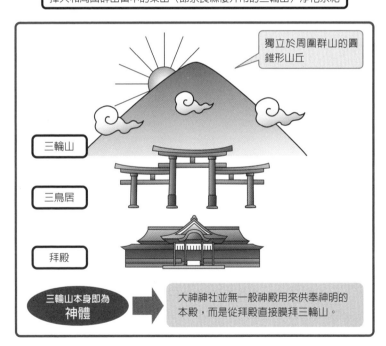

獨立於周圍群山的圓錐形山丘

三輪山

三鳥居

拜殿

三輪山本身即為 **神體** ➡ 大神神社並無一般神殿用來供奉神明的本殿，而是從拜殿直接膜拜三輪山。

關聯項目

●大國主神→No.034　　　　　　●少名毘古那神→No.036

●三輪山傳說→No.054　　　　　　●荒魂與和魂→No.095

天菩比神與天若日子

天孫（天照大御神的子孫）尚未統治地上世界以前，曾經歷過幾番迂迴曲折，甚至發生過神背叛天的事情。

●叛天者

《古事記》裡的天照大御神說，豐葦原之千秋長五百秋之水穗國（指地上世界）該由其子正勝吾勝勝速日天忍穗耳命統治，於是便將兒子送往地上世界。然則，天忍穗耳命立於天之浮橋朝地上望去卻說地上世界看起來太過紛擾，就此折返。

高御產巢日神與**天照大御神**遂召集眾神，要思金神想方設法，問說該由誰降臨地上平定世界，思金神經過一番思考後答天菩比神可當此任，可是天菩比神降臨地上世界後，卻成了大國主神的跟班，三年都沒有消息。

於是眾神又再度聚起來，商議這次該派誰去才好，最後決定派遣天津國玉神之子天若日子前去。這一次，眾神甚至還取了天之麻迦古弓與天之波波矢交給天若日子，然後才把他送往地上世界，不料天若日子才剛降臨到地上，立刻就與大國主神之女下照比賣結婚，想要將地上世界佔為己有，八年都沒有消息。

有隻叫作鳴女的雌鳥停在天若日子家門口的樹上啼叫，讓天佐具賣聽見，天佐具賣進言啼聲不吉、應將其射殺，於是天若日子便取來自於天上的武器射中了雌鳥；雌鳥的胸口遭箭矢貫穿，逃去找天之高木神（高御產巢日神的別名）求救。神察看染血的箭矢，發現這是當初贈予天若日子的武器，於是便說：「倘若天若日子此箭按照命令射的是惡神，那麼這箭就不會射中天若日子；倘若天若日子存有邪想，那就射中他」，便把箭扔了回去（返矢）。睡眠中的天若日子被此箭刺中胸口，從而殞命。

《日本書紀》對這個部分的敘述大致相同，差別在於首先送往地上世界的是天穗日命，然後是天穗日命之子大背飯三熊之大人，第三位則是天稚彥。

叛天的神

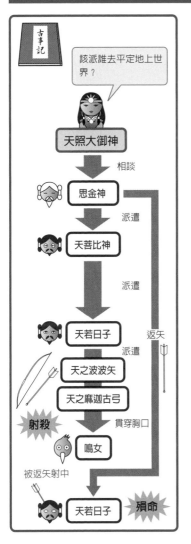

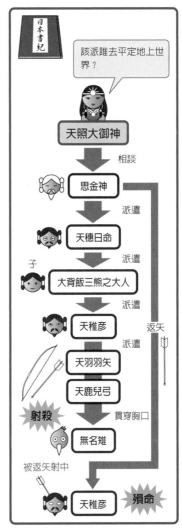

關聯項目

●古事記→No.003
●天照大御神→No.022
●日本書紀→No.004
●高御產巢日神→No.070

大國主神的兩個兒子

高天原終於決定憑藉實力征服地上世界，遂遴選戰神送往地上世界。

●服從之子、伐戰之子

《古事記》記載，**天照大御神**又問這次該派誰去才好，思金神和諸神回答說可派伊都之尾羽張神（伊邪那岐用來斬殺迦具土那柄劍的劍神），或其子**建御雷之男神**（勇猛的雷神）。這兩位都是劍神，可見高天原終於要訴諸武力了。由於伊都之尾羽張神也推薦其子，眾神遂指派**天鳥船神**（飛鳥形狀的船神）陪同建御雷之男神，將他們送往地上世界。

建御雷之男神拔劍插在沙灘上、盤坐於劍前，對**大國主神**如此問道：「**天照大御神**與高木神詔曰這土地應是我子治地，你怎麼想？」

大國主神答：「我自己沒什麼好說的，且容我子八重言代主神來回答」。於是便喚言代主神一問，言代主神道：「此僭越之舉，願將此地獻予天津神之子」，還把船翻個底朝天、變成青柴垣（以帶青葉的木柴搭建的牆垣），躲在裡面不出來。

建御雷之男神又問：「言代主神如是說，你還有沒有其他兒子有意見的？」，大國主神答：「其他兒子就只有建御名方神而已」。此時建御名方神拿著合千人之力方能搬動的巨石出現，說道：「是哪個跑到我國在那邊嘟嘟囔囔講悄悄話？且與我較力」，可是沒兩下子就敗下陣來、落荒而逃。

建御雷之男神一路追殺到科野國（長野縣）的州羽之海（諏訪湖），建御名方神急道：「不要殺我。我保證再也不離開此地，不反對大國主神與言代主神，這個國家是屬於天津神之子的」。《日本書紀》卻說高天原原本是要派遣經津主神為使者，不過武甕槌神勇猛剛強，不僅經津主神推薦，連他自己也都如此主張，於是後來也加入了使者的行列。此外，《日本書紀》固然提到了**事代主神**，對建御名方神卻隻字未提。

各神的態度

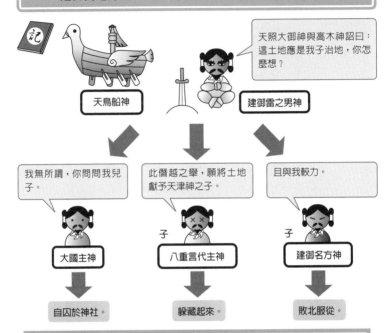

建御雷之男神 ＝ 勇猛的雷神、劍神。受派遣前往地上世界

天照大御神與高木神詔曰：
這土地應是我子治地，你怎
麼想？

天鳥船神

建御雷之男神

我無所謂，你問問我兒
子。

此僭越之舉，願將土地
獻予天津神之子。

且與我較力。

大國主神

八重言代主神
子

建御名方神
子

自囚於神社。

躲藏起來。

敗北服從。

✤ 相撲

　　建御名方神說：「那我們來比力氣。我先捉你的手」。建御雷
之男神且由他先捉住自己的手，然後把手變成冰柱，又把手變成劍
刃，讓建御名方神只能縮手。

　　接著輪到建御雷之男神捉建御名方神的手，只見他將建御名方
神的手彷彿蘆葦嫩芽一般捏碎，還將他拋飛出去，嚇得建御名方神
落荒而逃。

　　這是《古事記》所描寫第一場赤手空拳的戰爭。因此，傳說相
撲便是起源自這次的對抗。

關聯項目

●眾神的誕生→No.016

●天照大御神→No.022

●伊邪那美之死→No.018

●大國主神的子孫→No.035

讓國

大國主神決定讓國，其實有附加條件。正因為這些條件得到滿足，後來他才自閉於出雲大社。

●政權和平轉移

話說**建御雷之男神**回到**大國主神**面前，質問：「你兩個兒子都說要服從天津神之子不再違逆，你怎麼樣？」

大國主神也說：「我也同樣，願將葦原中國全數獻上」，不過他又說希望能替自己建造神殿做為交換。

他說如果能像天津神御子繼承皇位的宮殿那樣，以磐石為基豎起粗壯宮柱，幫他蓋座冰木（屋頂兩端木材交叉向上翹起的構造，是出雲大社屋頂的特徵）彷彿可以企及高天原的雄偉神殿，那他就願意退隱。大國主神又說，若能起用**八重言代主神**的話，則一百八十位神子神孫都將服從。

於是就在出雲的多藝志海岸建造宮殿，據說這便是出雲大社。現存出雲大社的本殿高八丈（24m），已經是一座規模非常宏大的神社了，但據說出雲神社在平安時代高十六丈（48m），大化革新以前甚至高達三十二丈（96m），就當時的技術水準來說，這樣的建築物實在太過巨大。如果沒有建造這般宏偉的神殿，或許大國主神就不願意讓出國家統治權了。

又有水戶神之孫櫛八玉神出任料理長。櫛八玉神變成鸕鶿潛入海底取土，以其製作神聖土器，又截海藻以燧臼燧杵（磨擦生火的道具）生起聖火，製作料理獻予天津神。

《日本書紀》裡並未記載到建造神殿的故事，卻說大國主神獻上自己當初平定國土使用的廣矛，還說只要使用該矛，便能使國家長治久安。

只不過仍舊有些神明不願意服從於天、從而遭誅，根據記載，最後反對勢力只剩下星辰之神香香背男，不過還是被建葉槌命打敗收服了。

大國主神閉門不出的神殿

出雲大社 = 大國主神讓國時要求高天原建造做為交換條件的神殿

迥異於尋常神社

巨大的神殿

高32丈的神殿未經證實，不過確實有高16丈的本殿曾經存在過。

若是下圖這種建築物，以當時的技術還勉強有可能建設。

也許是因為這棟建築使用的建築技術已超越了當時的技術水準，從平安到鎌倉時期約200年間曾經有過多達七次的崩壞紀錄

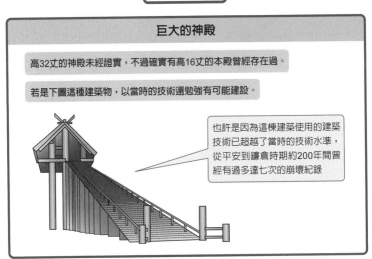

注連繩也是日本第一

神樂殿的注連繩長達13m、粗（圓徑）達8m之譜。

從左邊結繩

從右邊結繩

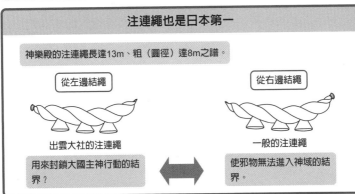

出雲大社的注連繩

一般的注連繩

用來封鎖大國主神行動的結界？

使邪物無法進入神域的結界。

關聯項目

●伊邪那美之死→No.018

●大國主神的子孫→No.035

●大國主神→No.034

新嘗祭與大嘗祭

每年11月23日舉行的新嘗祭早在距今1300年以前便已經存在，是神道的收穫祭典。祭祀於皇宮的神嘉殿舉行，天皇親自以五穀新穀供奉皇祖神、與皇祖神共食，藉此對今年的收穫表示感謝，並且祈定來年的豐收。

與此同時，新嘗祭也是伊勢神宮的祭祀儀式，天皇會派遣敕使執行奉幣儀式[*1]；此儀式會先在外宮進行，然後再進到內宮執行一次。

現代日本的勤勞感謝日其實也是參考新嘗祭的收穫祭性質，做為慶祝勞動（尤其農業勞動）與隨之而來收穫的日子，而於戰後訂定的國定假日。

所謂大嘗祭便是指天皇新立即位以後只舉行一次的新嘗祭。換句話說，每位天皇只能舉行一次大嘗祭（重祚＝復辟則另當別論）。因此就某個角度來說，大嘗祭是個重要性堪與即位大典相比的重大行事。

「大嘗」此語首見於《日本書紀》天武2年（673年）12月5日的紀錄，至於祭祀儀式本身想必應該更加古老才是。

據考，大嘗祭是在飛鳥時代皇極天皇時始有明確的形式與規定，從此以後一直到今天，每有新天皇踐祚（天子即位）都會舉行大嘗祭，不過在戰國時代等天皇家的窮困時期，也曾經有過延期或中止的事例。

進入平安時期以後，大嘗祭演變得愈發莊嚴、規模愈大。《貞觀儀式》（871年）、《延喜式》（927年）、《江家次弟》（1111年）等對大嘗祭的施行規則都有詳細記載。

首先在4月的時候，必須選定負責提供製作神饌（神的食物）穀物的悠紀國（從京都以東諸國當中挑選）與主基國（從京都以西諸國當中挑選）、擇定神田，然後9月從神田收割。

從10月開始到舉行儀式的一個月內，天皇必須齋戒潔淨身心。根據《延喜式》（律令之施行細則）記載，大嘗祭是唯一一項必須在祭祀的一個月以前就開始執行潔齋的大祀。

進入11月以後，上旬要營造建設大嘗宮，中旬寅日要舉行鎮魂祭，中旬卯日則有大嘗宮之儀；這大嘗宮之儀便是大嘗祭的中心儀式。

其後，中旬辰日有悠紀節會、中旬巳日有主基節會、中旬午日則舉行豐明節會，至此長達七個月的大嘗祭才終於告一段落。

大嘗祭之目的大致上可以分為兩種。

其一是與皇祖神天照大神共食。每年的新嘗祭固然也有相同儀式，不過與神明共同食用經過聖別[*2]的稻糧，將可以形成為國家帶來豐饒收成的穀靈。

其二則是與皇祖神結合、誕生為天照大神之子，如此便能以神的身分獲得成為天皇的資格。

* 見P.228頁專欄注釋

第3章
地上英雄的神話

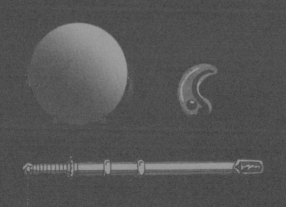

天孫降臨

從高天原降臨地上世界的是天照大御神之孫而非其子，故有天孫降臨之說法。

●沒能去到地上世界的天之子

葦原中國的反對勢力消失以後，天照大御神與**高木神（高御產巢日神**的別名）遂命令正勝吾勝勝速日天忍穗耳命降臨，天忍穗耳命卻說：「我在準備降臨的期間，生下了天邇岐志國邇岐志天津日高日子番能邇邇藝命，不如就派這孩子去吧」。

天忍穗耳命與高木神之女——萬幡豐秋津師比賣命生下了天火明命、日子番能邇邇藝命兩兄弟，邇邇藝命是弟弟，為何派的不是哥哥而是弟弟，至今仍然不得而知。

於是遂命令邇邇藝命降臨，而邇邇藝命亦就此離開天之石位（位於高天原，以岩石製成的寶座）出發前往地上世界。

話說邇邇藝命降臨途中來到天之岔道，遇見一位光華奪目、甚至可以從**高天原**照亮葦原中國的神明。這時**天照大御神**與高木神便命令天宇受賣命道：「妳雖是柔弱女子，卻是位不畏他神能夠正面以對的女神。因此，妳就獨自去問問看到底是誰擋在我子降臨途中」。一問之下，原來是國津神猿田毘古神，他是要來替邇邇藝命開路的。

接著就是決定天孫降臨一行的成員。

由天兒屋命、布刀玉命、天宇受賣命、伊斯許理度賣命、玉祖命五位神明陪伴同行，合稱「五伴緒」，是中臣氏等貴族的祖先。又讓邇邇藝命帶上八尺勾璁（玉）、鏡、草薙劍三樣寶物（三種神器），跟著又調派思金神、手力男神、天石門別神隨行。天照大御神說道：「以鏡為我魂祭祀之。思金神執政事」，然後又加派登由宇氣神。

前往地上六界的天照大御神之孫

天孫降臨 ＝ 降臨者為天照大御神之孫，邇邇藝命

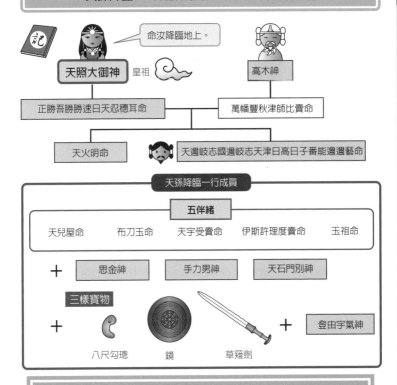

命汝降臨地上。

天照大御神　皇祖　　　　　　　　　　　高木神

正勝吾勝勝速日天忍穗耳命　　　　　萬幡豐秋津師比賣命

天火明命　　　　　　天邇岐志國邇岐志天津日高日子番能邇邇藝命

天孫降臨一行成員

五伴緒

天兒屋命　　布刀玉命　　天宇受賣命　　伊斯許理度賣命　　玉祖命

＋　　思金神　　　手力男神　　　天石門別神

三樣寶物

＋　　　　　　　　　　　　　　　　　　　　　＋　　登由宇氣神

八尺勾瓊　　　　鏡　　　　　草薙劍

❖ 天孫降臨神話之誕生背景

　　據說所謂天孫降臨神話有其歷史背景，原來持統天皇本欲令其子繼承皇位，然其子早逝，遂欲改立其孫輕皇子繼位。換句話說，這則神話是將天照大神比照持統天皇、以孫子為正統皇位繼承者而創作的。

關聯項目

●高天原→No.008　　　　　　　　　●天照大御神→No.022

●高御產巢日神→No.070　　　　　　●日本書紀的天孫降臨→No.044

高千穗

天孫從天降臨，最後降落在高千穗。據說這高千穗就是現在宮崎縣
的高千穗地區，可能的地點有兩個。

●眾神降臨之地

邇邇藝命撥雲而下，途經天之浮橋、浮島，降落於竺紫日
向高千穗的久士布流多氣（靈峰）。據說此地就是現在宮崎縣
的高千穗。

相傳當時還有天忍日命與天津久米命武裝隨侍。

降落後，邇邇藝命說：「此地正對朝鮮，與笠沙御前直線
相連，乃晨曦夕照之地，是個好地方」，於是便豎立粗大宮柱
建造雄偉的宮殿，在這裡住了下來。

接著他又命令**天宇受賣命**道：「替我開路的猿田毘古神，
當初他的身分是妳獨力揭開，把他送走的工作（祭祀工作）就
交給妳」，從此天宇受賣命及其後繼者便有猿女君之稱號。

猿田毘古神正在阿耶訶（現在三重縣的松阪市有座祭祀猿
田毘古神的阿射加神社）打漁的時候，手被比良夫貝（何種貝
類不得而知）夾住，溺水並沉入了海底。當他沉在海底的時候
稱為底度久御魂，氣泡從水中上升時稱作都夫多都御魂，氣泡
浮到海面破裂時則稱作阿和佐久御魂。

傳說天宇受賣命把猿田毘古神送走以後，召集大小魚類
問：「汝等可願意仕奉天津神御子？」，所有魚類都說：「我
等謹遵奉」，唯獨海參沒有回答；天宇受賣命道：「就你這張
嘴不回答」，於是便執小刀將海參的嘴割開，所以現在海參的
嘴巴才會是裂開的。

此外，每有新天皇世代更替時，都要從志摩（三重縣）獻
上初次收獲的魚貝類，然後天皇會再把它賜給猿女君，這些典
故也是來自於上述的故事。

《**日本書紀**》的一書（異傳）也有寫到猿田彥的故事，然
而本文並無記載。

兩個高千穗

> **高千穗** = 天孫從天而降的地方。今宮崎縣

高天原 ➡ 天之浮橋 ➡ 浮島 ➡ 高千穗

天上界　　　　　邇邇藝命　　　　　地上界

降臨

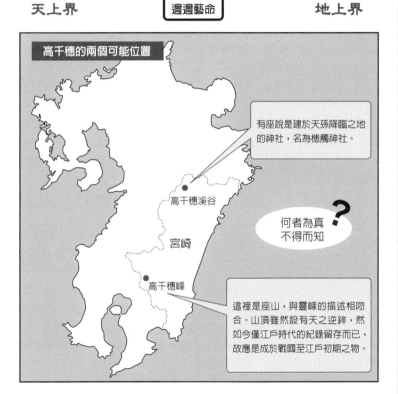

高千穗的兩個可能位置

有座說是建於天孫降臨之地的神社，名為穗觸神社。

高千穗溪谷

宮崎

高千穗峰

何者為真
不得而知

這裡是座山，與靈峰的描述相吻合。山頂雖然設有天之逆鉾，然如今僅江戶時代的紀錄留存而已，故應是成於戰國至江戶初期之物。

關聯項目

●日本書紀→No.004　　　　　　●天之石屋戶→No.027

●天孫降臨→No.041　　　　　　●日本書紀的天孫降臨→No.044

邇邇藝命的婚姻

天孫邇邇藝命來到地上世界與美麗女孩結婚，除了約定保證天皇家的繁榮以外，也使天皇家從原本神的位置更加貼近於凡人。

●神的壽命變短的原因

話說**邇邇藝命**在笠沙御前遇見一名美麗的女性，問：「妳是誰家的女兒」，答曰：「我是大山津見神之女，名叫神阿多都比賣，別名**木花之佐久夜毘賣**」；又問：「有兄弟姐妹否？」，答：「有胞姐石長比賣」。然後**邇邇藝命**再問：「我想跟妳結婚姻，可否？」，答：「我無法答覆，且容父親大山津見神回答」。

於是**邇邇藝命**便去詢問大山津見神，大山津見神大喜，把姐姐石長比賣連同許多嫁妝也一起嫁給了**邇邇藝命**。可是那姐姐長得極醜，**邇邇藝命**只看了一眼就把她送了回去，只留下妹妹，當晚就與她同床。

大山津見神對此深以為恥，向**邇邇藝命**報告說：「我之所以姐妹同嫁，那是因為我曾經立誓，留石長比賣於身邊服侍者則御子壽命將有如磐石之堅固久遠，留木花之佐久夜毘賣於身邊服侍者則將有如花朵綻放，如今御子的壽命恐怕將如同盛開的花朵一般，只在朝夕」。據說天皇家族的壽命便是因此而變短的。

木花之佐久夜毘賣說經過一夜同寢，自己已經懷了御子的孩子，她認為這孩子是天神之子，所以不應該默不作聲地生下。可是**邇邇藝命**卻說怎麼可能一夜就馬上懷孕，肯定是**國津神**之子，於是木花之佐久夜毘賣發誓道：「若我子是國津神之子就讓我遭遇變故，若是天津神之子則平安無事」，並建造一座沒有出入口、八尋高的建築物，進到裡面取土堵塞牆壁，生起火堆以備生產。

她在火燒得最旺的時候生下了火照命，然後是火須勢理命，最後出生則是火遠理命。其中三男火遠理命別名天津日高日子穗穗手見命，正是天皇家的祖先。

天孫與人類結婚

地上世界的結婚 = 繁榮天皇家的約定，使其從神的位置更貼近於凡人

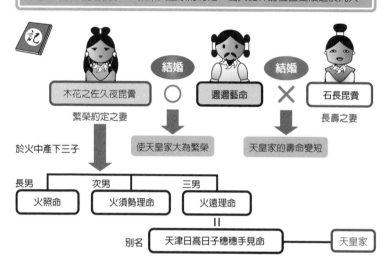

日本書紀的記載

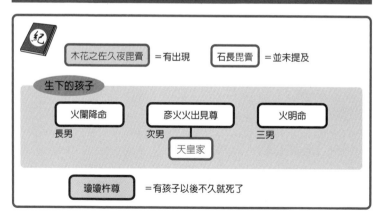

關聯項目

●國津神的成立→No.031　　　　　　　●天孫降臨→No.041

●日本書紀的天孫降臨→No.044　　　　●淺間大神→No.078

日本書紀的天孫降臨

《日本書紀》也有天孫降臨，但這裡的天孫降臨究竟是出自於誰的意志呢？

●皇祖高皇產靈尊

根據《日本書紀》記載，**天照大御神**之子正哉吾勝勝速日天忍穗耳命與**高皇產靈尊**之女栲幡千千姬，生有皇孫天津彥彥火瓊瓊杵尊，而皇祖高皇產靈尊想要讓這個孫子成為葦原中國的主宰。

沒錯，在《日本書紀》裡，皇祖指的並非天照大御神，而是對高皇產靈尊的尊稱；至於讓皇孫統治葦原中國的計畫也與天照大御神無關，是高皇產靈尊的計畫。

其他像是派遣天穗日命、大背飯三熊之大人和天稚彥等，也全都是出自於高皇產靈尊的命令。大和朝廷公史的本文（最正確的歷史）是如此記載的：話說大己貴神把他曾經拿來當作杖使用的廣矛（象徵地上世界的支配權）獻予天，高皇產靈尊遂以真床追衾裹住瓊瓊杵尊，將他降至地上世界。

當然了，亦不乏有資料指出天照大御神曾積極參與此事。《日本書紀》的一書（異傳）第一就寫到，對天稚彥下令的是天照大御神，以返矢射殺天稚彥的是天照大御神，甚至命令甕槌神與經津主神以武力征服地上世界的，也是天照大御神。天照大御神在這則傳說當中採取的行動，儼然就是位鷹派主神。一書第二則是記載一位神話鮮少提及的敵人，名叫天津甕星，別名天香香背男，他是天空中惡星之神。後來天神命令香取神宮之神（指經津主神）將其擊敗。

此外，派遣經津主神與武甕槌神幫助大己貴神，也是天照大御神所為，此舉卻引起大己貴神疑竇。當時有人向大己貴神提出相當優沃的條件交換地上世界的支配權，此人便是高皇產靈尊。因此我們大可以說這則**天孫降臨**神話中的真正主角，仍舊是高皇產靈尊。

生下的孩子

日本書紀的天孫降臨 = 降臨者為高皇產靈尊之孫，瓊瓊杵尊

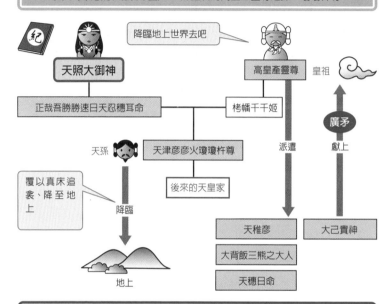

降臨地上世界去吧

天照大御神

高皇產靈尊　皇祖

正哉吾勝勝速日天忍穗耳命　　栲幡千千姬

天孫　　天津彥彥火瓊瓊杵尊

後來的天皇家

覆以真床追衾、降至地上

降臨

地上

派遣

獻上　廣矛

天稚彥

大背飯三熊之大人

天穗日命

大己貴神

真床追衾

衾

床追

所謂床追是指室內某種突出於地面供人坐臥的床台，此裝置可以阻絕地面的寒氣，使用於從前鮮少有暖房設備的日本。所謂的衾則是鋪在床追上的布，使用者便是坐於其上。

關聯項目

●日本書紀→No.004　　　　　　　●天照大御神→No.022

●天孫降臨→No.041　　　　　　　●高御產巢日神→No.070

海幸彥與山幸彥

海幸山幸兩兄弟的故事雖以民間傳說而聞名，其實也是《古事記》所記載諸多神話的其中一篇。

●把哥哥的釣針搞丟的弟弟

邇邇藝命的三個孩子當中，後來長男**火照命**成為漁夫海幸彥，三男**火遠理命**則是成為獵戶山幸彥。但此處有兩點令人摸不著頭緒，一是次男火須勢理命從此再也不曾出現過，二是天神之子本是為統治地上世界才從天而降，怎麼會跑去當漁夫和獵戶呢？關於這兩點，至今仍然沒有答案。

有天山幸彥提議兄弟兩人互相交換道具，一試之下非但毫無收穫，山幸彥甚至還把兄長的釣針搞丟了。兄長追著要討回釣針，山幸彥把劍廢了製成五百支釣針，海幸彥卻不接受。就算山幸彥做了一千支釣針，海幸彥還是只想討原來那根釣針。

弟弟哭著走到海邊，鹽椎神（據說是潮流之神）倏地出現，聽他把事情講了一遍，然後就用竹籠做了艘小船讓山幸彥搭上船去，說道：「我幫你推船，過一會兒有條潮流水路，沿著它就會看到綿津見神（海神）的宮殿。宮門旁邊泉畔有株連香樹*，你爬上樹，海神之女就會看見你，她一定會好好待你」。

山幸彥依言而行，果然看見海神之女的侍女前來汲水。那侍女見水面閃閃發光，抬頭往上一看，發現有位美麗的男性。山幸彥對侍女說想要喝水，於是侍女便汲水遞過去，可山幸彥卻不喝水，只是把掛在頸脖的玉墜解開，把玉含在口中，吐進侍女拿著的盛水器皿當中。沒想到那塊玉竟然就此黏住，怎麼也拿不下來了。

侍女覺得不可思議，遂將此事報告給豐玉毘賣知道。豐玉毘賣走出門外看見山幸彥，立刻對他一見鍾情，然後對父親說：「門前有位氣派的先生」。綿津見神看見山幸彥也很喜歡，不但歡迎還把女兒嫁給他，然後就這樣經過了三年時間。

* 見P.228頁No.045注釋

古事記的神話

海幸彦與山幸彦
以民間傳說而聞名，也是古事記所記載諸多神話當中的一篇

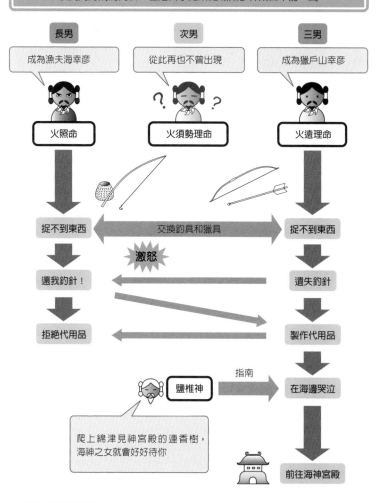

長男	次男	三男
成為漁夫海幸彦	從此再也不曾出現	成為獵戶山幸彦
火照命	火須勢理命	火遠理命

捉不到東西 ←→ 交換釣具和獵具 →← 捉不到東西

激怒

還我釣針！ ← 遺失釣針

拒絕代用品 ← 製作代用品

鹽椎神 —指南→ 在海邊哭泣

爬上綿津見神宮殿的連香樹，
海神之女就會好好待你

前往海神宮殿

關聯項目

●天孫降臨→No.041　　　　　　●邇邇藝命的婚姻→No.043

●隼人族的起源→No.046

隼人族的起源

山幸彥懲罰傲慢的海幸彥並將其收為屬下，後來的天皇家與隼人族便從此分歧，步向不同的未來。

●敗給胞弟的兄長一族

來到海神宮殿待了三年，**火遠理命**想起當初自己來這裡的原因，不由得嘆了口氣。妻子**豐玉毘賣**聽見他嘆息，便去找父神商量。

海神一問之下，火遠理命才把自己來到這裡的理由說了出來。海神聽他講完，便召集海裡的魚問道：「有沒有魚拿到釣針的？」，眾魚答：「最近聽赤海鯽魚（即鯛魚）*說喉嚨有刺，沒辦法吃東西」。海神往赤海鯽魚的喉嚨一探，果然找到了釣針。

海神把釣針洗乾淨還給火遠理命，教他：「要把針交給哥哥時，先說『這針是憂鬱之針、氣忿之針、貧乏之針、愚者之針』，然後再把雙手背在身後遞給他。接著，若哥哥要在高處開田那你就去低處開田，他要在低處開田那你就去高處開田。我是水的支配者，所以你哥哥肯定會愈發困窘。若他因嫉妒而攻擊你，那你就取鹽盈珠放水淹之，若他求饒則用鹽乾珠救之」，然後就把兩顆珠子交給火遠理命，送他回陸地去了。

火遠理命按照海神的指點行事，兄長果然發難攻來，卻讓他用兩顆珠子弄得七葷八素，終於投降道：「從此以後，我願成為晝夜的守護人服侍你」。直到今日，海幸彥的子孫隼人族仍然要擺出溺水般的姿勢，仕於宮廷。

《日本書紀》也記載到幾乎相同的故事，不同的是長男火闌降命是海幸，而次男彥火火出見尊則是山幸，至於三男火明命則說是尾張國連氏的祖先，後來就再也不曾提到他了。

《日本書紀》與《古事記》的不同之處還包括書中未曾提及侍女，走出宮門之外的乃是豐玉姬；另外彥火火出見尊很快地就在海神那裡找回了釣針，找到以後他才與豐玉姬結婚，在海中住了三年。

兄弟之戰

天皇家與隼人族
山幸彥懲戒海幸彥，將其收為部下，從此分成天皇家與隼人族

山幸彥帶回來的東西

憑海神所賜兩顆珠子把兄長弄得七葷八素，使其降伏。

| 兄長的釣針 | 從赤海鯽魚喉嚨發現的釣針。 |

| 鹽盈珠 | 使海水滿溢，變成一片汪洋。 |

| 鹽乾珠 | 使海水退去，變回陸地。 |

日本書紀的系譜

長男	次男	三男
成為漁夫海幸彥	成為獵戶山幸彥	從此便再也不曾提起

| 火闌降命 | 彥火火出見尊 | 火明命 |
| 薩摩的隼人族 | 天皇家 | 尾張連氏 |

關聯項目

● 邇邇藝命的婚姻→No.043　　　　● 海幸彥與山幸彥→No.045

● 承繼海神血統的鶹葺草葺不合命→No.047

承繼海神血統的鵜葺草葺不合命

海神之女為火遠理命生下了一子，豈料火遠理命卻於生產之際觸犯禁忌，使得海神之女必須留下幼子，獨自回到海中。

●天津神與海神之女所生御子

火遠理命戰勝並收服兄長以後，**豐玉毘賣**來到火遠理命面前，告訴他自己已經懷有身孕，可是她肚子裡的是天津神的御子，不該在海中生產，所以才來到陸地。於是乎，便在海陸交界之處搭建了生產小屋。

生產小屋的屋頂都還沒搭好，豐玉毘賣就開始陣痛了。豐玉毘賣說：「異鄉者於生產之際會恢復原本的模樣生產，我也是同樣，請千萬不要窺看」，然後就躲進生產小屋裡去了。

火遠理命覺得很不可思議，便偷偷窺視，竟然看見豐玉毘賣已經變成八尋鯊魚，不住地扭動身軀，嚇得火遠理命奪門而逃。得知原形已經被丈夫看見以後，豐玉毘賣說道：「我本欲沿海道往返於此地與大海，同君生活與共，現如今我的模樣已經被看見，實在無地自容」，於是便留下孩子回到大海去，還將海陸間的通道關閉起來。

是故，那生下來的孩子便取名為**天津日高日子波限建鵜葺草葺不合命**，這個名字的意思是說，這孩子是個生產小屋建在海陸交界處，屋頂尚未以鵜鳥羽毛修建完成，便即誕生的勇敢孩子。

豐玉毘賣雖恨丈夫窺視卻仍有留戀，於是便派妹妹**玉依毘賣**前去養育孩子。當時她托妹妹贈歌曰：「赤玉は　緒さへ光れど　白玉の　君が装いし　貴くありけり[1]」；丈夫答歌曰：「沖つ島　鴨著く島に　我が率寝し　妹は忘れじ　世のことごとに[2]」。

《日本書紀》裡面也有相同的故事，唯一不同的是玉依姬打從一開始就跟在姐姐身邊。

＊見P.228頁No.047注釋

豐玉毘賣的真面目

> **豐玉毘賣** = 綿津見神之女。生下火遠理命之子以後便回到海中

海神之女，真面目是八尋鯊魚。

於海陸交界處搭建生產小屋，叮囑丈夫「我將恢復原本模樣生產，切勿窺看」，然後躲進生產小屋裡。

驚 火遠理命偷窺

↓

嚇得奪門而逃。

↓

真面目被丈夫發現而感到羞恥，遂留下剛出生的孩子回到海中。

↓

仍有留戀，遂派妹妹來養育孩子。

《日本書紀》的故事幾乎相同

唯一不同的是妹妹玉依姬打從一開始就跟在姐姐身邊。

火遠理命家族系譜

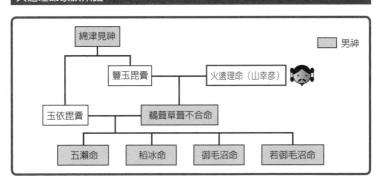

```
                綿津見神

        豐玉毘賣 ── 火遠理命（山幸彥）

玉依毘賣 ── 鵜葺草葺不合命

    五瀨命   稻冰命   御毛沼命   若御毛沼命
```

□ 男神

關聯項目

● 邇邇藝命的婚姻→No.043

● 隼人族的起源→No.046

● 海幸彥與山幸彥→No.045

神倭伊波禮毘古命的東征

神倭伊波禮毘古命（後來的神武天皇）從九州移動到大和，建立大和王朝，一路並不容易。

●四兄弟僅剩二人

《古事記》記載，天津日高日子波限建鵜葺草葺不合命娶當初派來養育自己的阿姨為妻，生下了四個兒子。

長男五瀨命、次男稻冰命、三男御毛沼命、四男若御毛沼命。其中四男若御毛沼命別名豐御毛沼命，又稱**神倭伊波禮毘古命**。五瀨命音近「嚴稻」，稻冰命音近「稻飯」，御毛沼命音近「御食」；也就是說，他們全都是與稻有關的神明。

後來，御毛沼命踏著海浪離開去了常世國，而稻冰命則是去了母親的國家海原。

繼承者神倭伊波禮毘古命遂與兄長五瀨命謀議於高千穗宮曰：「何處可以平穩地推行政治？我認為該向東而去」，於是便立刻出發。在豐國的宇沙（大分縣宇佐市）這裡，宇沙都比古與宇沙都比賣為神倭伊波禮毘古命準備離宮，並且擺設饗宴迎接。後來他們又在竺紫的岡田宮（福岡縣）待了一年，在阿岐國的多祁理宮（廣島縣）待了七年，在吉備的高島宮（岡山縣）又待了八年。當他們還要往東去的時候，在速吸門（豐予海峽）遇見了一位一面坐在龜殼上垂釣、一面拍打羽翼的人物。神倭伊波禮毘古命問：「汝是何人」，答：「國津神也」；再問：「汝知航路否」，答：「甚詳」；又問：「可願出仕於我」，答：「願仕」。那國津神便取出船棹讓神倭伊波禮毘古命登船，故名之槁根津日子。《**日本書紀**》則說神日本磐余彥天皇宣言要親自東征。其移動路徑也是從速吸之門（豐予海峽）→筑紫國菟狹（大分縣）→筑紫國岡水門（福岡縣）→安芸國（廣島縣）→吉備國（岡山縣）；從日向（宮崎縣）出發的話，《日本書紀》的移動路徑自然多了，相反地《古事記》的路徑則是從岡山折返回到豐予海峽，存有矛盾。

四兄弟的命運

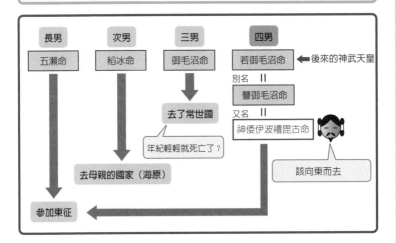

神倭伊波禮毘古命 = 從九州遷徙到大和，建立大和王朝

長男	次男	三男	四男
五瀬命	稻冰命	御毛沼命	若御毛沼命 ← 後來的神武天皇

別名 ＝

豐御毛沼命

又名 ＝

神倭伊波禮毘古命

去了常世國

年紀輕輕就死亡了？

去母親的國家（海原）

該向東而去

參加東征

神武東征的途徑

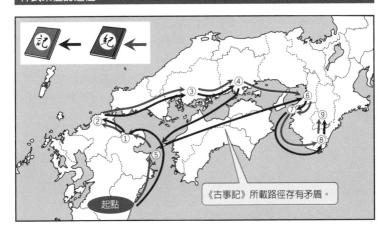

記 ← 紀 ←

《古事記》所載路徑存有矛盾。

起點

關聯項目

●古事記→No.003

●五瀬命之死→No.049

●日本書紀→No.004

●平定大和→No.050

五瀨命之死

五瀨命於東征途中戰死，從此神倭伊波禮毘古命便失去了所有兄弟，可是他並未放棄平定大和的大業。

●因長兄戰死而改從南方迂迴前進

《古事記》說**神倭伊波禮毘古命**經過浪速（大阪）以後，在白肩津（大阪府南部）登陸。另一方面，登美（奈良縣）的那賀須泥毘古則是率軍迎擊，兩軍對決。

長兄五瀨命遭那賀須泥毘古以弓箭射穿手臂，他說：「我乃日神之子，不想竟然面向太陽而戰，方遭卑劣者所擊。且繞行，背對太陽而戰」，於是便從血沼海（大阪府南部）移往男之水門（大阪與和歌山交界處）；他雖然說：「怎甘死於卑劣者之手」，但還是死了。

失去胞兄以後，神倭伊波禮毘古命大幅迂迴，才剛進到熊野（和歌山縣新宮市一帶），便隱隱約約看見有隻大熊，後來那頭熊終於現身，神倭伊波禮毘古命頓時失去意識，連士兵們也紛紛倒下。這時，恰逢熊野的高倉下前來獻劍，神倭伊波禮毘古命立刻就恢復意識，說道：「剛剛睡了好久」便接過劍來。

神倭伊波禮毘古命又問拿劍來的高倉下這是怎麼回事，高倉下說他做了個夢。他夢見**天照大御神**和**高木神**商量，找來**建御雷神**對他說：「葦原中國騷亂不已，我的幾個御子正為病所苦。當初葦原中國本是你所平定，故此番還要派你降世前去」。建御雷神聞言，答：「有柄不須我去亦能平定國土的劍，就把此劍送往下界吧」，於是便挖開倉庫頂端，把劍放在裡面。高倉下隔天醒來去倉庫一看，果如夢境真有把劍，這才帶劍來獻。

另外，高倉下還把夢中高木神所說的話：「今後還有許多荒暴之神，我且派遣八咫烏，切記依其導引行事」，告訴了神倭伊波禮毘古命。《日本書紀》對這段故事的記載亦相去不遠。

日神子孫的作戰注意事項

五瀨命之死
因面向太陽而戰，故遭弓箭貫穿手臂而亡

八咫烏

平定大和

大和朝廷的初代天皇神武天皇歷經多次征戰，終於進入大和，並且在此創建了朝廷。

●擇南路進攻的神倭伊波禮毘古命

根據《古事記》記載，**神倭伊波禮毘古命**按照**八咫烏**的指示導引前進到宇陀，遇見了兄宇迦斯與弟宇迦斯。神倭伊波禮毘古命派遣八咫烏催促他們歸順，卻被兄宇迦斯以鏑矢給趕了回去；兄宇迦斯召集軍隊，但召募工作進行得並不順利，於是他便建造設有陷阱的房屋，假意服從實則是要取神倭伊波禮毘古命的性命。不想弟宇迦斯卻將兄長的陰謀向神倭伊波禮毘古命報告，神倭伊波禮毘古命遂命其早兄宇迦斯一步進入該建築物，而兄宇迦斯也被自己所設的陷阱給壓死了。

來到忍坂（奈良縣櫻井市）的大室，又遭遇到長有尾巴的土雲八十建（土豪強者）堅守岩屋不出。這次，神倭伊波禮毘古命決定準備酒食招待他們，然後為每位強者配屬一位料理人，每位料理人配把大刀，信號一起便要眾料理人一齊將強者斬殺，就這樣一口氣殺死了眾土雲。

神倭伊波禮毘古命前前後後又討伐了登美毘古、兄師木、弟師木，此時邇藝速日命參見曰：「聽聞天津神御子從天而降，故隨後而來」，並且出示自己也是天津神的證據，而後仕於神倭伊波禮毘古命。神倭伊波禮毘古命便是這般征服荒暴諸神，遇不從者便將其驅趕，以畝火（奈良縣橿原市的畝傍山）的白檮原宮為根據地治理天下。神倭伊波禮毘古命即後來的初代天皇——神武天皇。

《日本書紀》所描述的故事情節也大致相同。

不同的是，《日本書紀》說他討伐八十梟帥憑的不是計謀，而是占卜神意得到吉兆，果然一戰而勝。其次，以天津神身分降臨大和的櫛玉饒速日命，有個名叫長髓彥的部下並未停止反抗，於是饒速日命便先殺死長髓彥，然後才率部下歸順。

開設大和朝廷前的諸多戰役

神武天皇 = 神倭伊波禮毘古命，後來大和朝廷的初代天皇

神倭伊波禮毘古命之戰

古事記

咿～！

VS.

神倭伊波禮毘古命（後來的神武天皇）

1. 那賀須泥毘古
2. 兄宇迦斯與弟宇迦斯
3. 土雲八十建
4. 登美毘古
5. 兄師木與弟師木

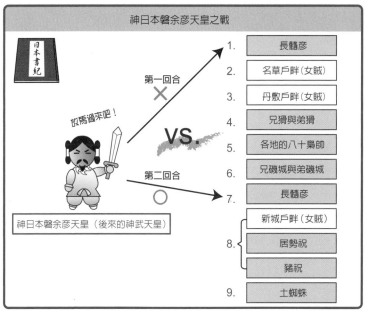

神日本磐余彥天皇之戰

日本書紀

放馬過來吧！

VS.

第一回合 ✕

第二回合 ◯

神日本磐余彥天皇（後來的神武天皇）

1. 長髓彥
2. 名草戶畔（女賊）
3. 丹敷戶畔（女賊）
4. 兄猾與弟猾
5. 各地的八十梟帥
6. 兄磯城與弟磯城
7. 長髓彥
8. { 新城戶畔（女賊）
     居勢祝
     豬祝 }
9. 土蜘蛛

關聯項目

●古事記→No.003   ●日本書紀→No.004

●神倭伊波禮毘古命的東征→No.048   ●五瀨命之死→No.049

神武天皇的婚姻

天皇家的初代天皇神武天皇與兩名女孩結了婚，即日向之女與大和之女。

●神武天皇選后

根據《古事記》記載，從前**神武天皇**在日向的時候娶了阿比良比賣，生下了當藝志美美命和岐須美美命兩兄弟。可是他征服大和以後，卻又想在大和娶個女孩當皇后。

於是，有個叫作大久米命的人就說：「我知道有位據稱是神明之女的少女。那名美麗的女孩叫勢夜陀多良比賣，從前**三輪**的**大物主神**看上了她，於是趁她大便的時候變成赤紅色的箭矢沿著廁所便溝流經、插入女孩的陰部。受到驚嚇的女孩把箭矢放在地板旁邊，那箭矢竟然變成一名翩翩男子、與她交合。如此這般生下的女孩名叫富登多多良伊須須岐比賣命，別名比賣多多良伊須氣余理比賣。」

有一次，伊須氣余理比賣等七名少女恰好來到高佐士野（奈良縣，詳細場所不明）遊玩，於是大久米命便對神武天皇詠歌道：「倭の　高佐士野を　七行く　媛女ども　誰れをし枕かむ」

（七名前往大和高佐士野的少女中，與誰共枕？）

那時伊須氣余理比賣恰巧站在七名少女最前面，天皇看見後詠道：「がつがつも　いや先立てる　兄をし枕かむ」

（啊啊，就跟最前面那個年長女孩共枕吧）

伊須氣余理比賣就這樣成為神武天皇的皇后，產下日子八井命、神八井耳命、神沼河耳命（次代天皇）等三名御子。

《日本書紀》也說神武天皇以事代主神之子姬蹈韛五十鈴姬命為正妃，卻沒有《古事記》如此浪漫的場面。除此之外，姬蹈韛五十鈴姬命只生下了神八井命與神渟名川耳尊（次代天皇）兩位皇子而已。

七名少女

神武天皇征服大和，欲娶該地女孩為皇后。

⬇

得知有位名叫伊須氣余理比賣的神明之女。

偷窺伊須氣余理比賣等七名少女。

⬇

對伊須氣余理比賣一見鍾情，迎為皇后。

古事記與日本書紀各自記載的家族系譜

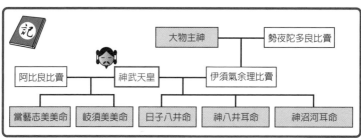

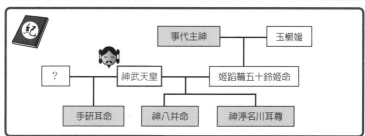

關聯項目

●平定大和→No.050

●大物主神→No.037

●三輪山傳說→No.054

皇位繼承權之爭

神武天皇駕崩以後，異胞兄弟間便展開了殘忍血腥的皇位繼承權之爭。

●娶後母為妻的庶子與繼承人

《古事記》說到天武天皇駕崩以後，其正妃伊須氣余理比賣又被繼子當藝志美美命娶為妻。可是當藝志美美命覬覦天皇皇位，便盤算要殺死自己的弟弟，也就是伊須氣余理比賣生的三個兒子。

嫁為其妻的伊須氣余理比賣憂慮不已，遂以和歌警示其子。歌兩首曰：

「狹井川よ　雲立ちわたり　畝火山　木の葉騷ぎぬ　風吹かむとす」（雲湧狹井川葉動畝火山，風將欲吹動）。

「畝火山　晝は雲とゐ　夕されば　風吹かむとぞ　木の葉騷ぎぬ」（畝火山此地晝有雲起夕有葉動，乃風起前兆）。

聽到這兩首歌，眾御子便計畫要殺死當藝志美美命。神沼河耳命對兄長神八井耳命說：「你帶著武器進去殺死當藝志美美命」，神八井耳命帶著武器進去以後卻手腳顫抖沒能下手，於是弟弟神沼河耳命便接過武器將當藝志美美命殺死，因此後來他被稱為建沼河耳命。

神八井耳命對弟弟說：「我沒能殺敵，你能殺敵。是故，我雖為兄長，卻不該居於人上。你就即天皇位，治理天下吧。至於我就去職掌祭祀事，以為輔佐」。

這則故事完全沒有提到長兄日子八井命。再看《日本書紀》，打從一開始就只有記載到兩兄弟而已，因此我們可以猜想這位日子八井命恐怕是後來出於某種理由（可能是某支貴族想把祖先寫進神話裡，也可能是三這個數字比二來得神聖或者恰當？）而臨時插入故事之中的虛構人物。

皇位爭奪戰之始末

神武天皇的後繼者 = 經過兄弟間的皇位爭奪,最後由神沼河耳命成為天皇

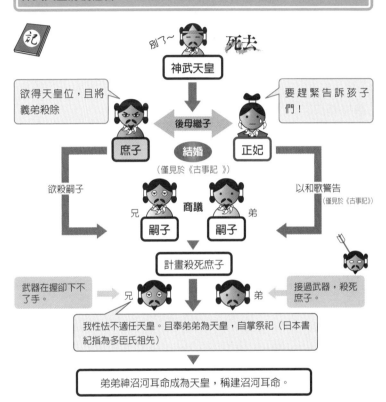

別了~　死去

神武天皇

欲得天皇位,且將義弟殺除

要趕緊告訴孩子們!

後母繼子

庶子　結婚　正妃

(僅見於《古事記》)

欲殺嗣子　商議　以和歌警告

(僅見於《古事記》)

兄　嗣子　嗣子　弟

計畫殺死庶子

武器在握卻下不了手。　兄　弟　接過武器,殺死庶子。

我性怯不適任天皇。且奉弟弟為天皇,自掌祭祀(日本書紀指為多臣氏祖先)

弟弟神沼河耳命成為天皇,稱建沼河耳命。

❖ 以「建」稱呼勇敢之人,何故?

　　據說「建」(たけ)這個字來自「たけだけしい」(勇猛)。這便是為何戰神都有個「建」字。

關聯項目

●古事記→No.003　　　　　　　　●日本書紀→No.004

●平定大和→No.050

大物主神之祟

神並不一定永遠守護人們。有些時候，神也會因著自身的意志而降災予人。

●神明作祟

根據《古事記》記載，從前御眞木入日子印惠命（第十代崇神天皇）的時代，曾經發生過疫病散播至全國，國家幾致覆亡的事態。那時，天皇尋夢卜求神意而寢，果然**大物主大神**出現在夢中，說道：「此疫病乃我意志所致。且讓意富多多泥古行祀祭我，則禍祟可止、國家太平」。

於是天皇便派人四方探尋，終於在河內國美努村（大阪府八尾市）找到了意富多多泥古這個人。問曰：「你是何人」，答：「大物主神大神娶陶津耳命之女活玉依毘賣生櫛御方命，其子飯肩巢見命，其子建甕槌命，我乃建甕槌命之子也」。

天皇聞言喜道：「如此則國泰民安也」，遂命意富多多泥古擔任神主*1，於御諸山（奈良縣**三輪山**）祭祀大物主大神。

又讓伊迦賀色許男命製作祭祀用土器，定天神地祇神社。又準備紅盾紅矛獻予宇陀的墨坂神、黑盾黑矛獻予大坂神，從坡上之神到河灘之神，個個都有供品奉獻。

如此疫情才終於偃息，國家恢復平穩安定

《日本書紀》也有類似的紀錄。不過《日本書紀》說當初疫病與叛變四起時，天皇祭祀的是天照大神與倭大國魂這兩位神明，可是這兩位神明威力太過強大，無法在天皇殿中祭祀，遂移往他處行祀。當時負責祭祀倭大國魂的淳名城入姬命還弄得毛髮脫落、骨瘦如柴，以致無法繼續行祀。

天皇遂於神淺茅原行占，當時是倭迹迹日百襲姬命受神明附身，向天皇傳達大物主神的旨意。後來還有倭迹速神淺茅原目妙姬、大水口宿禰、伊勢麻績君三個人，跟天皇報告說他們都做了同樣的夢。其後記載則與《古事記》相去不遠。

* 見P.228頁No.053注釋

意富多多泥古之家族系譜

意富多多泥古 ＝ 於三輪山祭祀大物主大神，使國家恢復和平安穩

疫病流傳全國各地，國家瀕臨覆滅之危

▼

大物主大神出現於崇神天皇夢中

祭祀我～

告之「且讓我子孫行祀，則禍祟可止」

▼

命令意富多多泥古於三輪山祭祀大物主大神

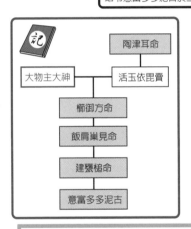

陶津耳命

大物主大神 ── 活玉依毘賣

櫛御方命

飯肩巢見命

建甕槌命

意富多多泥古

陶津耳

大物主神 ── 活玉依媛

大田田根子*²

❖ 初代（？）崇神天皇

　　《古事記》和《日本書紀》都說崇神皇是第十代天皇，可是他的別名「御肇國天皇」卻與神武天皇的別名「始馭天下之天皇」相同。

　　是故，有人說崇神天皇＝神武天皇，有人則說崇神天皇以前的天皇都是虛構捏造，崇神天皇才是初代天皇，眾說紛紜。

關聯項目

●古事記→No.003

●大物主神→No.037

●日本書紀→No.004

●三輪山傳說→No.054

三輪山傳說

三輪山之神大物主神身為蛇神，相傳他性好漁色而且娶了眾多妻子，果然有蛇神風範。

●每到夜裡才會出現的男子

關於大物主神看上人類女孩的逸聞，《**古事記**》與《**日本書紀**》有截然不同的記載。

《古事記》裡寫到，意富多多泥古的祖先有個名叫活玉依毘賣的美麗女兒，有位相貌堂堂的男性前往通婚*，不久她就懷了身孕。

父母奇怪問道：「妳似乎懷孕了，可是妳又沒丈夫，是怎麼懷孕的？」，女兒答：「有位非常俊美的男性，我雖然連他的名字都不知道，可是他每晚都來這裡，自然就懷孕了」。

於是乎，父母便教她「在地板前撒上紅土，然後將麻線捲用針刺在他的衣服上」。隔天早上一看，麻線竟然從鑰匙孔中間穿過，線軸上只剩下三勾（三捲）麻線。那父親沿著麻線一直找過去，竟然來到了三輪山神的神社，從而得知該名男子的眞正身分原來就是**大物主大神**。又因為線軸上只剩下三勾麻線，該地遂從此得了美和（三輪）之名。

《日本書紀》記載的卻是則跟大田田根子（意富多多泥古在《日本書紀》中的名字）毫無干係、名叫倭迹迹日百襲姬命的女子嫁作大物主神妻子的故事。同樣有位只在夜裡才會出現的男性，女子問：「您每次都不是白天來，所以我都無法拜見您的尊容。希望您下次白天前來，好讓我可以一窺您俊美的容貌」，那男子答：「說得也是。那白天我就躲進妳的櫛笥（放梳子的箱子）吧，可是妳看了可不要嚇到」。天亮以後，女子打開箱子一看，裡面竟然是隻美麗的蛇。女子驚叫出聲，那蛇化作人形道：「妳竟敢讓我出糗，那我也要讓妳難堪」，語畢便騰空飛回山裡去，據說後來那女子就以筷子刺穿陰部自殺了。

---

* 見P.228頁No.054注釋

大物主神的兩則故事

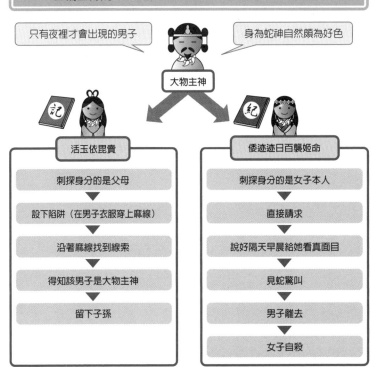

三輪山傳說 = 三輪山之神大物主神性好漁色，有眾多妻子

只有夜裡才會出現的男子

身為蛇神自然頗為好色

大物主神

活玉依毘賣

刺探身分的是父母
▼
設下陷阱（在男子衣服穿上麻線）
▼
沿著麻線找到線索
▼
得知該男子是大物主神
▼
留下子孫

倭迹迹日百襲姬命

刺探身分的是女子本人
▼
直接請求
▼
說好隔天早晨給她看真面目
▼
見蛇驚叫
▼
男子離去
▼
女子自殺

❖ 箸墓

　　倭迹迹日百襲姬命自殺以後，被葬在了一個叫作大市的地方，該地從其死因而有箸墓之謂。那墓白天是人們建造，夜晚則是眾神造墓。據說造墓當時眾人是從採石材的山裡排成一列長龍直至墓地，手把手地搬運石材。

關聯項目

●古事記→No.003
●大物主神→No.037

●日本書紀→No.004
●大物主神之祟→No.053

沙本毘古與沙本毘賣

《古事記》除了神的故事以外亦記載了人的故事，其中尤以沙本毘賣命身陷兄長與天皇兩難局面的故事特別有名。

●哥哥和丈夫，愛誰才好？

伊久米伊理毘古伊佐知命（垂仁天皇）有位名爲佐波遲比賣命（沙本毘賣命）的皇后，她有位名叫沙本毘古命的同母哥哥。她要嫁給天皇的時候，哥哥曾問：「丈夫和哥哥，妳愛哪個？」，妹妹答：「我愛哥哥」。哥哥聞言起了叛心說：「如果妳真愛哥哥，妳我二人共治天下」，然後拿把短刀命她：「妳拿這把短刀，趁天皇睡覺的時候刺殺他」。

沙本毘賣趁天皇熟睡時曾三度舉起短刀要刺殺，可是她悲傷地刺不下去，淚水滴落在天皇的臉上。天皇嚇醒以後對皇后說：「我剛剛做了個怪夢。夢見暴雨從沙本襲來，把我的臉都打濕了，還有條小蛇纏住我的脖子」。

沙本毘賣命心想這下子瞞不下去了，於是便當面將當初哥哥問她「丈夫和哥哥，妳愛哪個？」還有自己脫口回答「可能是哥哥吧」之事全盤托出。天皇心道：「差點上當受騙」，便揮師攻向沙本毘古，這廂沙本毘古以臨時應急的城塞應戰。出於對兄長的愛，沙本毘賣逃出王宮、躲進城塞；當時她已懷有身孕，而天皇思及長達三年的寵愛，只是包圍城塞卻躊躇不前沒有攻城。沙本毘賣在城中生下孩子，對天皇說：「如果您肯將這孩子當作皇子，就請您養育他吧」，便要走出城外。

天皇直到這時仍然愛著沙本毘賣，遂命人在接過皇子之際不管抓頭髮也好抓衣服也好，總之把沙本毘賣給捉過來就是。可是，沙本毘賣知道天皇的心思，她剃掉頭髮、戴上假髮，又在衣服上動手腳，讓衣服一撕就破，甚至還把珠玉項鍊的繩子也弄得破爛。因此當沙本毘賣將皇子遞過去時，士兵們無論怎麼抓，頭髮、衣服和項鍊全都立刻裂成碎片，沙本毘賣也就此逃回城中去了。

最後，沙本毘賣跟兄長一起在大火的城中雙雙殞命。

沙本毘賣命的模樣

沙本毘賣命 ＝ 垂仁天皇之后。夾在兄長沙本毘古命與丈夫中間，為愛所苦

記

剃髮、戴假髮。

把珠玉項鍊的繩子事先弄爛，一扯就斷。

衣服動過手腳，輕易就能扯破。

欲將自己在城中產下的孩子交給天皇而步出城外。

遞過孩子以後，無論士兵們怎麼捉，頭髮、衣服、玉繩全都裂成碎片，沙本毘賣命亦逃回城中。

✤ 日本書紀所記載的狹穗彥王策反說辭

《日本書紀》卻記載哥哥狹穗彥王*是如此勸說妹妹的：

「若以貌美仕人，容貌旦衰則頓失寵愛。今天下多美人，誰人不爭寵愛，如何單憑容色為恃？若我得皇位，可與君共天下，百年安泰。且為我刺殺天皇」

與《古事記》那位因為私情而要妹妹刺殺天皇的沙本毘古命相較之下，這段說詞倒也合理，其中卻全無摻雜半點情緒，如此狹穗姬*會被哥哥說動或許也可以說是沒有辦法的事情。

狹穗姬抱著孩子進哥哥居城讓天皇很沒面子，但她這麼做其實是希望能讓哥哥獲赦，絕非為愛殉情。

*沙本毘古和沙本毘賣在《日本書紀》中的名字。讀音亦同。

關聯項目

●古事記→No.003

小碓命與大碓命

日後人稱倭建命的大英雄，其實有個讓人傷透腦筋的哥哥，就連倭建命自己的個性也很難搞。

●雖然身為日嗣御子……

《古事記》說大帶日子淤斯呂和氣天皇（景行天皇）有八十位皇子，其中若帶日子命、**小碓命**（別名倭男具那命）和五百木之入日子命三人是日嗣御子（有資格成為天皇的皇子）。若帶日子命治理天下，小碓命則是將不從者盡皆征服了。

小碓命有個同母哥哥，叫作大碓命。

有一次，天皇聽說大根王有對漂亮女兒叫作兄比賣、弟比賣，便遣大碓命將兩姐妹召進宮中，豈料大碓命卻自己娶了這對姐妹，把冒牌貨送給父親。天皇察覺了此事，正煩惱著。

於是天皇便對小碓命說：「你哥哥怎麼早晚的餐會都不來呢？你且好言告誡要他來」。過了五天，大碓命還是不來。天皇問小碓命：「你哥哥還是不來，你有沒有好好告誡他？」，答：「已告誡之」。天皇又問：「你怎麼告誡他的？」，答：「我趁他早上去便所的時候將他擒住，把手腳扯下來、用草蓆包起來丟掉了」。

天皇聞言得知小碓命性情荒猛暴躁、甚是畏懼，遂決定派遣小碓命征伐各地。

《日本書紀》有一則《古事記》並未記載的故事，說是大碓皇子與小碓尊其實是雙胞胎。根據該紀錄，當時天皇見到生了雙胞胎，嚇得朝石臼大叫*，故取名為大碓小碓。

《日本書紀》也提到大碓皇子將本該獻予天皇的女子佔為己有，卻沒有小碓尊將大碓皇子的手腳扯下來的記載；相反地，書中卻記載到大碓皇子在可能要受命征伐蝦夷時害怕得躲了起來，因此後來被派去掌管美濃，到最後仍然還是由小碓尊出征。

* 見P.228頁No.056注釋

讓人傷透腦筋的兩兄弟

小碓命 = 後來的倭建命。跟哥哥大碓命兩人都讓父親景行天皇傷透了腦筋

大碓命

横刀奪愛　　横刀奪愛　　躲起來

呵～

搶奪本該嫁給父親的女子，另外準備冒牌貨嫁給父親。

父親遣他去看看頗有美名的女性，自己卻將其娶為妻子。

天皇要命其征伐蝦夷的時候，害怕發抖地躲了起來。

小碓命

對兄長施暴、使其身負重傷後將其棄置。

扯下手腳。

啊～

僅日本書紀記載的小碓命是正常人

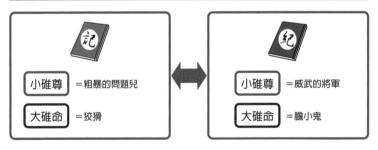

記　　小碓尊 = 粗暴的問題兒
　　大碓命 = 狡猾

紀　　小碓尊 = 威武的將軍
　　大碓命 = 膽小鬼

關聯項目

●古事記→No.003　　　　●日本書紀→No.004

●征伐熊曾→No.057

征伐熊曾

小碓命欲憑計謀單槍匹馬除掉熊曾建，所採取的策略與希臘神話的赫拉克勒斯不謀而合。

●倭建此名的由來

《**古事記**》的天皇曾命令**小碓命**：「西方有兩個人叫作熊曾建。他們是不服從朝廷的無禮者。替我去打倒他們」。當時小碓命還是個束髮於額[*1]的少年。據說這個髮型是15～16歲孩童的髮型，另有紀錄指聖德太子在14歲時也曾留過這個髮型。

小碓命帶著叔母倭比賣命的御衣御裳（衣服）、藏劍於懷便出發了。熊曾建在大屋之外設有三層軍力重兵把守，又在裡面蓋起新的建築物，正準備要慶祝新居落成。

小碓命等到宴會那天，把頭髮放下作少女髮型，再穿上從叔母那裡拿來的御衣御裳扮成年輕女孩，然後混在眾多女孩當中進入了建築物內部。

熊曾建兄弟看見變裝後的小碓命貌美，便讓他坐在兩人中間。小碓命相準宴會最高潮時，從懷中取出劍來，揪住熊曾建哥哥的衣領，刺穿其胸膛。弟弟見狀趕緊逃跑，卻被小碓命追到階梯底下捉住背心，刺中屁股。

熊曾建急道：「且慢動劍，吾有話要說」，小碓命遂決定姑且聽他是怎麼說法。熊曾建問：「你是何人」，答：「纏向日代宮統治大八島國大帶日子淤斯呂和氣天皇之子，倭男具那王是也。汝等不從，遂遣我來討」。熊曾建又說：「原來如此。西方再無他人在我之上，大倭國卻有強者。且容吾獻上我名，從此稱頌君為倭建御子」。語畢，小碓命便有如斬瓜切棗似地將熊曾建斬殺。從此以後，世人均稱其為**倭建命**。

《**日本書紀**》則說天皇先以其女對熊襲八十梟帥兄弟施以懷柔，復以計策討之。這故事中日本武尊[*2]雖然只殺了川上梟帥一人，不過男扮女裝行事、事後得到尊稱的情節倒是相同。

* 見P.229頁No.057注釋

小碓命的模樣

倭建命 = 小碓命征伐熊曾以後得到的尊稱

變裝前　　　變裝後

瓠花＝以牽牛花為名的髮型。束髮於額，看起來就像朵花。相傳聖德太子幼年也曾作瓠花髮型。可惜的是，實際髮型圖已經散佚，此圖為想像圖。

髮型為垂髮。

跟叔母拿來的御衣御裳。

古墳時代男性的服裝打扮。

| 天皇父親命其討伐熊曾建兄弟。 | 跟叔母借來女服、藏劍於懷，趁著熊曾建慶祝新居落成混進去。 | 變裝成年輕女孩坐在熊曾建兄弟中間，待宴會最高潮時，拔劍斬殺熊曾建。 |

《日本書紀》的記載幾乎相同

　天皇用計討伐熊襲八十梟帥兄弟。
日本武尊殺的是川上梟帥。

關聯項目

●古事記→No.003　　　　　●日本書紀→No.004
●小碓命與大碓命→No.056　　●古事記記載的倭建東征→No.058

古事記記載的倭建東征

話說倭建真是片刻不得閒，從西方歸還以後，便立刻被派往東方遠征。

●倭建的悲劇隱然可見

倭建命班師回朝以後，天皇又命令他前去平定東方十二宮的荒暴神祇與不肯服從者。天皇派御鉏友耳建日子與其同行，又贈其杠谷木（冬青[*1]）和八尋矛（長矛），便送倭建命出征去了。

倭建命得到命令以後，順路去到伊勢的大神宮參拜，他到神殿禮拜過後，對叔母倭比賣抱怨：「天皇是不是想叫我去死啊。我從西方班師歸來才沒多久，又要我領軍去平定東方十二國。我看天皇是想要我去死」。

倭比賣取出**草薙劍**和囊袋，說道：「若有火急之事，且解囊一覽」，便送倭建命出征了。

倭建命東征途中來到尾張國時，一度想與國造[*2]之女美夜受比賣結婚，轉念想想還是等東征歸來時再娶，於是訂下婚約就引兵往東國去了。他去到東國以後將山川荒神紛紛打倒，不服者也都一一收伏。

接著他又來到了相武國（神奈川縣南部）。當地國造騙倭建命道：「這原野有個大沼澤，那裡有荒神作亂」。倭建命剛進入原野尋找荒暴神，國造便從原野四周縱起火來。

倭建命得知受騙上當後，打開倭比賣所授囊袋觀看，發現袋中裝的是打火石，遂一面揮劍斬草，一面取打火石以火攻火，先在周身附近放火燒出安全地帶。從這裡看來，倭比賣肯定擁有預言的異能。

相傳倭建命生還以後斬殺了欺騙他的國造，放火燃燒屍體，是故此地遂得燒津（靜岡縣燒津市）之名。

只不過燒津位於靜岡縣境內，跟《古事記》所謂倭建命抵達相武國的記載卻有矛盾。

＊見P.229頁No.058注釋

遠征東方

倭建東征 ＝ 剛從西方返回，就立刻被遣往東方遠征

古事記

裝有打火石的囊袋

草薙劍

天皇命其前往平定東方十二國荒暴神與不服從者。	得叔母贈草薙劍與囊袋，並交待火急之際打開囊袋觀看。	受騙遭四方火攻，一方面揮劍斬草，一方面取囊袋中打火石以火攻火。

倭比賣贈送的兩樣道具

草薙劍

裝有打火石的囊袋

關聯項目

●古事記→No.003

●小碓命與大碓命→No.056

●八岐大蛇→No.030

●日本書紀記載的日本武尊東征→No.062

古事記記載的倭建渡洋

倭建的苦難仍然要繼續下去。後來這段旅程更變成不僅是倭建本人，連周遭眾人也都要為之喪命的苦難之旅。

●帶妻遠征的倭建命

從前**倭建命**東征途中，正要渡過走水之海（東京灣灣口部分的浦賀水道，當初他是要從神奈川縣的三浦半島渡海前往千葉縣的房總半島），那海域之神卻興起大浪、讓船隻不住打轉，使得倭建命無法渡海。當時其后弟橘比賣道：「就讓我代皇子入海。皇子您就完成交付的任務、向天皇報告吧」，於是就在水面鋪上八層菅蓆（菅草做成的蓆子）、八層皮蓆（皮做的蓆子）、八層絹蓆（絹做的蓆子），然後跳到上面。這段敘述所象徵的應該就是弟橘比賣將自己獻給海神為妻。

轉眼間，海象便從萬般險惡回歸平穩。當時弟橘比賣詠歌道：「さねさし　相模の小野の　燃ゆる火の　火中に立ちて　問ひし君はも」（置身相模草原炎炎火中，卻仍舊掛心問我安否之我君哪）。

七天後，弟橘比賣的梳子漂流到岸邊，便在該地建造陵墓納之。後來倭建命又收伏蝦夷、擊敗眾多神祇。當他要離開關東時，足柄峠之神曾經化身白鹿出現於足柄坂之下，倭建遂擲出吃剩的蒜（野蒜的莖可食用、味道強烈，用來驅除邪氣）將其擊斃。他在足柄坂上嘆了三聲：「吾妻啊」，故後人乃將關東稱為阿豆麻*。越過山道來到甲斐國（山梨縣）後，倭建命在酒折宮詠曰：「新治　筑波を過ぎて　幾夜か寢つる」（離開常陸（茨城縣）的新治和筑波之地以後，過了幾夜呢？）。

守夜的老人答曰：「かがなべて　夜には九夜　日には十日を」（時日流逝，已經九夜與十日）。

倭建命聽聞後稱讚老人，並賜其東國造名銜。

* 見P.229頁No.059注釋

倭建的東征路徑

記

—— 去程
—— 返程

筑波　新治
科野
伊吹山　足柄
當藝野　尾張　相武　走水
三重　燒津
伊勢

海神掀起巨浪

弟橘比賣的獻身

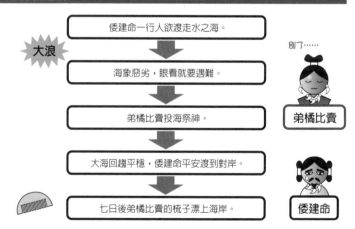

倭建命一行人欲渡走水之海。

大浪

海象惡劣，眼看就要遇難。

弟橘比賣投海祭神。

大海回趨平穩，倭建命平安渡到對岸。

七日後弟橘比賣的梳子漂上海岸。

別了⋯⋯

弟橘比賣

倭建命

關聯項目

●古事記→No.003　　　　　　　　●古事記記載的倭建東征→No.058

●古事記記載的倭之死→No.060　　●日本書紀記載的日本武尊東征→No.062

古事記記載的倭建之死

倭建雖是曾多次擊敗諸多神祇的偉大英雄，終究無法戰勝疾病。

●殺死倭建的神

　　東征進入最後階段時，倭建命攀登伊吹山（滋賀縣）並道：「且看我空手收伏此地之神」，結果馬上就有頭體型跟牛差不多大的白色山豬出現。倭建命道：「想來是山神的使者。我且不殺你，待回程後再將你了結」，語畢便繼續趕路。

　　豈料那頭豬其實是山神所化。山神先是降下滂沱冰雨[*1]，迷惑倭建命的心志；眾人趕緊下山，來到一口清麗泉水旁邊稍作休息，此時才好不容易恢復了判斷力，可是這時的倭建命已經染病了。倭建命離開該地來到當藝野，說道：「我心常欲騰空而起，我足卻是踉踉蹌蹌」，故稱此地為當藝[*2]。後來倭建愈感疲累而拄杖蹣跚徐行，該地因有杖衝坂之名。

　　最後，倭建命又在三重村說道：「我足有如三重勾（彎成三段的麻糬），累煞我也」，故稱此地為三重。

　　接著他又詠歌四首：「倭は　国のまほろば　たたなづく　青垣　山隠れる　倭しうるわし」（大和乃諸國之最。隱現於如青垣般層層疊疊群山間，美哉大和）。

　　「命の　全けむ人は　畳薦　平群の山の　熊白檮が葉を　髻華に挿せ　その子」（生命完整者，可取平群山橡樹葉插於髮際）。

　　「愛しけやし　吾家の方よ　雲居起ち来も」（可愛吾家彼方有雲湧起）。

　　「嬢子の　床の邊に　我が置きし　つるぎの大刀　その大刀はや」（我擺在少女睡床邊的大刀，啊啊那把大刀啊）。

　　詠畢便當場斷氣。

　　倭建后妃與諸子來到此地正自嘆息不已，卻見皇子幻作天鵝飛去，他們也就哭著追著天鵝而去了。

＊見P.229頁No.060注釋

伊吹山之神

殺死倭建的神 ＝ 降下劇烈冰雨迷惑倭建，終於使其喪命

體型跟牛差不多大。

古事記

山神變成白色山豬，
出現在伊吹山。

倭建之將死

倭建命

別了……

伊吹山遇見白色山豬，遭遇冰雨。

↓

泉水旁稍事休息終於恢復判斷力，但也已經染病。

↓

當藝野跟跟蹌蹌而行。

↓

杖衝坂拄杖徐行。

↓

病倒三重，詠唱四首和歌後斷氣。

↓

幻作天鵝飛去。

關聯項目

●古事記→No.003　　　　　　　　　　●古事記記載的倭建東征→No.058

●日本書紀記載的日本武尊東征→No.062 ●日本書紀記載的日本武尊之死→No.063

日本書紀記載的日本武尊

《日本書紀》同樣也說日本武尊是最偉大的英雄，不過此書卻將其描寫成超完美的人物。

●毫無缺點的日本武尊

《日本書紀》日本武尊形象大大有別於《古事記》的倭建命，乃將其描繪成超完美的人物。但《日本書紀》畢竟是官方正史，或許是有意將天皇家祖先寫得如此完美。

當初天皇在朝廷上問群臣說該派誰去東征才好。當時日本武尊也參加這個會議，還在會議上陳述意見；在《日本書紀》裡，他並非受天皇厭惡冷淡的皇子，而是西征取勝回來頗具勢力的皇子，頗受看重。實際上《日本書紀》也記載：「天皇於是讚美日本武之功，殊愛之」，可見他很受天皇愛護。

他提議說：「我已經征西回來，此番戰役且交付大碓皇子如何」，畢竟他們倆是雙胞胎兄弟，**小碓尊**征西，那麼接下來由大碓皇子征東也是自然。誰知道大碓皇子聞言嚇得躲到草叢裡去了，使者好不容易找到他，才把他拖到天皇面前。

天皇責備皇子曰：「我不會勉強你做不願意的事，連敵人都還沒看到就怕成這樣，成何體統」，然後便將美濃國交給他管理；此事代表大碓皇子已經從皇位繼承者之爭敗下陣來。想想當初他擅自娶了本該嫁給天皇的女孩，再加上這等醜態，有如此結果也可以說是理所當然的事情。

這時，日本武尊說道：「平定熊襲未幾，此番東夷又叛。和平何時才能到來呢？如此固是辛勞，且容我前去平亂」。相對於《古事記》裡的倭建命把東征看成是天皇討厭自己的證據，《日本書紀》的日本武尊卻憂心叛亂紛起，其實並不排斥東征。天皇遂指派吉備武彥與大伴武日連給日本武尊擔任部下，此處也跟他不受天皇喜愛、沒有兵力支援便被遣去東征的《古事記》有很大的出入。

日本書紀所記載與古事記大相逕庭的日本武尊

日本武尊 ＝ 與《古事記》的倭建命大相逕庭，是位超完美的人物

西征成功的得勢皇子，頗受看重。

出席討論該派誰東征的會議，陳述意見。

自己已經西征回來，故推薦兄長大碓皇子領軍東征。

兄長害怕逃跑，不得已只能接下東征任務。

 為了和平，這也是沒辦法的事

天皇指派吉備武彥與大伴武日連為部下同行。

倭建命 ＝ 遭天皇疏遠，懷才不遇

西征回來以後仍舊不受天皇喜愛。

天皇單方面命令其平定東方。

此處並未提及其兄大碓皇子。

與御鉏友耳建日子同行，沒帶部隊出發。

 唉唉

向叔母倭媛命感嘆自身的不幸，多有抱怨。

關聯項目

●古事記→No.003　　　　　　●日本書紀→No.004

●古事記記載的倭建東征→No.058　　●日本書紀記載的日本武尊東征→No.062

日本書紀記載的日本武尊東征

《日本書紀》記載的日本武尊東征跟《古事記》頗為相似，然而即便記載的事件相近，意義上卻有微妙的差別。

●未曾提及腐敗官員的《日本書紀》

《日本書紀》也說日本武尊出發東征前先造訪了伊勢，得倭媛命授予草薙劍，不同的是日本武尊並沒有什麼煩惱，不需要跟叔母吐苦水。

來到駿河（靜岡縣中部），那裡的賊人假意順從道：「這草原有許多大鹿，我們去狩獵如何？」，其實是想藉機燒死日本武尊。書中記載，日本武尊眼見火起遂取出打火石、以火攻火，成功逃出生天；不過這打火石似乎不是得自他人餽贈，而是他平常就隨身攜帶使用的物品。除此之外，另有一說認為日本武尊乃是拔腰際佩劍將周圍草叢悉數斬除，方才得救（正是因為這個緣故，該劍遂有**草薙劍**之稱）。

成功逃得性命以後，日本武尊便將賊人全部燒死，該地遂得燒津之名。此處的記載便沒有地理位置的矛盾，因此《古事記》可能是記載錯誤所致。最大的差別在於《日本書紀》中，背叛日本武尊的是賊而非國造，也就是說官員並沒有腐敗。

日本武尊要從相模（神奈川縣）渡海前往上總（千葉縣南部）時，曾誇口：「這麼小的海，搞不好輕輕一跳就跳過去了」。這句話傳到海中，轉眼前暴風驟起、船隻不受控制，根本無法渡海。就在這個時候，日本武尊之妾弟橘媛道：「現如今風強浪大，船隻眼看就要沉沒。此必是海神意志所致。妾身卑微，願以自身代替我王入海」，語畢便投海了；不久強風止息，船得以靠岸。因為這個典故，此海域遂得名馳水（浦賀水道狹窄，水流湍急）。

從這裡我們可以發現，《日本書紀》的日本武尊與《古事記》同樣避開了現在的東京附近（當地從前是低濕地，不宜行軍），選擇渡過海灣，然後從上總北上的路線進軍。

東夷的模樣？（此乃《日本書紀》之主張，描述出奇地明確）

東夷	
● 性格凶暴。	● 山有邪神。
● 凌辱他人絲毫不以為意。	● 野有姦鬼。
● 村裡連個村長都沒有。	● 道路不通。
● 互相侵犯境界。	

蝦夷	
● 無男女親子之別。	● 奔跑有如野獸。
● 冬穴居，夏樹居。	● 恩義可忘，仇恨必果。
● 穿著毛皮。	● 藏箭於髮，藏劍於衣。
● 飲血。	● 結黨侵略邊境，搶奪收成。
● 就算兄弟也不相信他人。	● 受到攻擊則奔逃入山。
● 登山有如鳥類。	● 有史以來從來不曾臣從於王。

日本武尊的征途

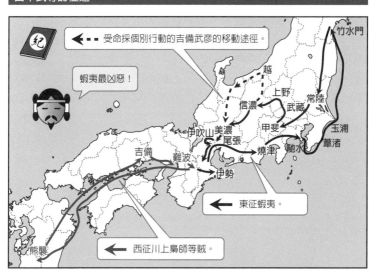

受命採個別行動的吉備武彥的移動途徑。

蝦夷最凶惡！

竹水門

越

上野 常陸

信濃 武藏

伊吹山 美濃 甲斐 玉浦

吉備 難波 尾張 燒津 馳水 葦渚

伊勢

東征蝦夷。

熊襲

西征川上梟師等賊。

關聯項目

●日本書紀→No.004

●八岐大蛇→No.030

●古事記記載的倭建東征→No.058

日本書紀記載的日本武尊之死

日本武尊在《日本書紀》當中平定了更加廣大的區域，為天皇竭盡心力。

●忠勇將軍之死

有別於《古事記》，日本武尊在《日本書紀》裡面甚至還曾經征伐直抵陸奧國（東北地方）。不過他結束征討東夷，經由武藏（東京都與埼玉縣西部）、上野（群馬縣）正要前進信濃時，曾經嘆道：「吾嬬啊」*，這點倒是與《古事記》相同。

此時，他命吉備武彥前進越國（日本海側），自己則是進軍信濃（長野縣），然後在那裡用大蒜殺死變身成白鹿的山神。進入尾張（愛知縣）以後，與宮簀媛結婚。他在那裡停留了一會兒，又聽聞五十葺山有荒暴神作亂，於是便把劍留在宮簀媛處，進兵出發。

來到山裡，那神變成大蛇出現，日本武尊卻道：「這蛇必是神的使者。只要殺死首腦即可，根本不成問題」，便跨蛇而過。那神大怒，遂興起雲霧降下冰雹，根本看不清道路。

日本武尊執意要在濃霧中行軍，結果彷彿喝醉般不省人事，直到來到泉畔飲泉水稍事休息，意識才終於恢復清楚。可是，這個時候的皇子已經罹病了。

他折返尾張卻不回到宮簀媛那裡去，直接往伊勢前進。眼看病體日重，於是他便將俘虜的蝦夷獻予伊勢神宮，再遣吉備武彥回朝廷上奏曰：「我承皇命征討東夷，恃神恩皇威令叛者伏罪、荒神順從。今雖欲收兵以歸，無奈天命已盡、孤臥荒野。我命終不足惜，只嘆不能事主而已」。

《日本書紀》裡的日本武尊眞是位忠於天皇的勇將。

雖造陵於伊勢以葬，日本武尊卻化作天鵝翩翩飛去；眾臣開棺一看，棺中只剩下衣服而已。後來那天鵝停留在倭和河內，因此就在這個地方也建造陵墓。據說完成以後，那天鵝就升天而去了。

* 見P.229頁No.063注釋

古事記與日本書紀所記載倭建命／日本武尊東征之異同

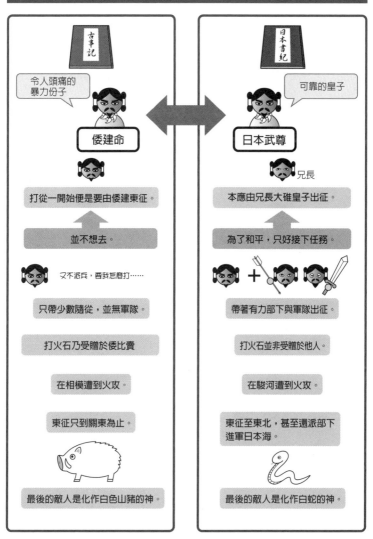

古事記

令人頭痛的暴力份子

倭建命

打從一開始便是要由倭建東征。

並不想去。

又不派兵，要我怎麼打……

只帶少數隨從，並無軍隊。

打火石乃受贈於倭比賣

在相模遭到火攻。

東征只到關東為止。

最後的敵人是化作白色山豬的神。

日本書紀

可靠的皇子

日本武尊

兄長

本應由兄長大碓皇子出征。

為了和平，只好接下任務。

帶著有力部下與軍隊出征。

打火石並非受贈於他人。

在駿河遭到火攻。

東征至東北，甚至還派部下進軍日本海。

最後的敵人是化作白蛇的神。

關聯項目

●古事記→No.003 　　　　　　　　　●日本書紀→No.004

●古事記記載的倭建之死→No.060

仲哀天皇

即使身為天皇，一旦違背神明宣託同樣將要招致破滅。仲哀天皇雖是勇將倭建命之子，勇氣卻是不足。

●故事從天皇之死開始說起

仲哀天皇又名帶中日子天皇，乃倭建命之子。

《古事記》說天皇巡幸筑紫（福岡縣）停留香椎宮期間，曾經想要發兵征討熊襲。於是乎，天皇便彈起琴來，要在場的**建內宿禰**請示神諭。忽然間，神明附身於天皇之妻息長帶比賣命（後來的**神功皇后**），說道：「西方有國，彼國有金銀等耀眼蔽目的珍寶。吾且使該國歸服」。

天皇卻道：「我登高向西而望，不見有國，徒然大海而已」，此書指神在說謊，琴也不彈了，就默默地坐著。

神聞言大怒，答曰：「此天下無汝治地，速速下黃泉去」。建內宿禰說道：「不妙，天皇啊，還是請您繼續彈琴吧」，天皇老大不願意地繼續彈了下去，可是過不多久又聽不見琴聲了。點燈觀視，原來天皇已經駕崩。

眾人大為驚駭，臨時舉行大祓。建內宿禰再度尋求神諭，結果除先前的諭示以外，神又說：「此國該由皇后腹中御子統治」；再問：「御子是男是女？」，答曰：「男」。

最後建內宿禰問神叫什麼名字，答曰：「底筒男、中筒男、上筒男三位大神是也」，也就是所謂的住吉三神。住吉三神又命令道：「欲求西國，則以幣帛（獻神的布等供物）獻予**天津神**、**國津神**、山神河神等諸神，將我御魂置於船隻，以葫蘆盛裝良木之灰，製作大量筷箸與葉盤（用葉子做成的盤子），使浮於海面渡海而過」。

《日本書紀》的故事內容也差不多，只不過向天皇宣告神諭的神明，乃是撞賢木嚴之御魂天疎向津媛命。故事裡還另外提及了坐鎮於淡郡的神（據信是稚日女尊）、天事代虛事代玉籤入彥嚴之事代神和表筒男、中筒男、底筒男等神明。

違逆神明神諭的天皇

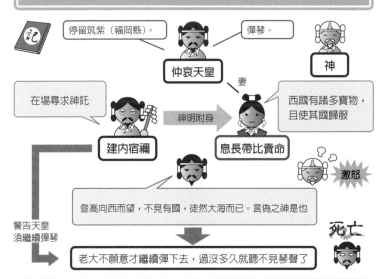

仲哀天皇 ＝ 帶中日子天皇，倭建命之子。因忤逆神明宣託而致破滅

停留筑紫（福岡縣）。

彈琴。

仲哀天皇

神

妻

在場尋求神託

神明附身

西國有諸多寶物，且使其國歸服

建內宿禰

息長帶比賣命

激怒

登高向西而望，不見有國，徒然大海而已。言偽之神是也

警告天皇
須繼續彈琴

老大不願意才繼續彈下去，過沒多久就聽不見琴聲了

死亡

❖ 《日本書紀》的矛盾

　　首先是仲哀天皇的年齡本身已經非常奇怪。仲哀天皇是在先代成務天皇48年、以31歲之齡成為皇太子的；換句話說，他是出生在成務天皇第17年。可是，日本武尊過世卻是先先代景行天皇第43年的事情，而景行天皇也在第60年駕崩，也就是說景行天皇在日本武尊死後又坐了17年的天下。

　　矛盾就在於，仲哀天皇雖是日本武尊之子，卻是在日本武尊死了至少30年以後方才出生。

　　因為此等矛盾，再加上擁有像日本武尊和神功皇后如此英雄性格、實際存在可能性卻是極低的父親與妻子，使得仲哀天皇也常被認為是位虛構的天皇。

關聯項目

●國津神的成立→No.031　　　　　　●神功皇后→No.065

●武內宿禰→No.066　　　　　　　　●天津神與國津神→No.069

神功皇后

神功皇后是日本第一位女中豪傑，曾經向朝鮮半島出兵。她壓制朝鮮以後，又回過頭來將叛逆者全數剷除。

●征伐新羅

失去**仲哀天皇**以後，神功皇口依住吉三神所言興兵並徵集船隻就要渡海之際，海中所有魚隻全都聚集起來，駄著船隻渡海，同時更有強大的順風吹送，海浪僅半分鐘便抵達新羅國。

如此情狀使得新羅國王甚是畏懼，約定曰：「今後謹遵從天皇號令，為天皇養馬、年年上貢」。

於是神功皇后便將新羅國收為養馬人，將百濟國收為隔海屯倉（收藏產物的倉庫），又立杖於新羅國王家門口，使住吉三神的**荒魂**為其守護神，然後就班師回朝了。

征伐新羅期間，恰逢皇后就要臨盆產下皇子，於是她便撿拾石頭綁在腹部、延遲生產，直到回國以後才生下了孩子。當初她產下皇子的地方，如今稱為宇美（福岡縣宇美町）。

回到倭國以後，皇后懷疑本國恐有叛逆，於是便將御子置於喪船（乘放棺木的船隻），放出「御子已亡」消息。聽到這個消息以後，香坂王、忍熊王兄弟遂起了殺皇后之意，遂行誓約獵（為占問神意而舉行的狩獵）。香坂王攀上歷木，忽然有一頭偌大山豬出現，把歷木給挖倒，還把香坂王咬死了。

儘管凶兆畢現，忍熊王仍然執意一戰。皇后臣下建振熊命先將替換的弦藏在頭髮裡面，剪斷箭弦詐降，然後趁著敵人沒有防備的時候安上新弦，終於一戰得勝。

《日本書紀》記載的是征伐三韓（新羅、百濟、高麗三國），而非征伐新羅，而且細節處多少有出入：皇后豎立於新羅國王門口的是矛不是杖，還有高麗與百濟是自動請降；另外，麛坂王狩獵的時候是坐在鋪設的座席上，忽然就被一頭蹦出的紅色山豬給咬死了。

朝鮮半島三國

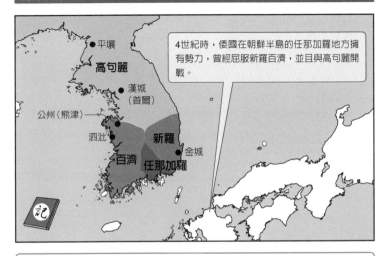

4世紀時，倭國在朝鮮半島的任那加羅地方擁有勢力，曾經屈服新羅百濟，並且與高句麗開戰。

根據《古事記》、《日本書紀》的記載，神功皇后是3世紀的人物 → 征伐三朝是虛構故事

莫非是後世以4世紀倭國進出朝鮮為背景創作神功皇后的故事？在神功皇后的時代，日本的勢力範圍任那加羅尚未出現，所以皇后乃是渡海出擊。

征伐三韓與應神天皇的誕生

神功皇后

神功皇后以懷孕之身渡海前往新羅。

↓

征伐新羅期間看似快要臨盆。

↓

撿石頭綁住腹部，延遲生產。

↓

歸國後於宇美產下應神天皇。

哇呀～
應神天皇

關聯項目

● 仲哀天皇→No.064　　　● 應神天皇→No.067
● 荒魂與和魂→No.095

武內宿禰

武內宿禰先後服侍過五代天皇及皇后，以長壽與忠於天皇而聞名，明治時代甚至還曾經以其肖像製作紙幣。

●長壽且忠義之人

武內宿禰是記紀當中最爲長壽的人物，一說他活了300歲以上。他以建內宿禰這個名字出現在《古事記》裡。

第13代成務天皇的時代，建內宿禰成爲大臣。

第14代**仲哀天皇**的時代也是。他既是大臣，天皇死後又繼續出仕於**神功皇后**。不僅如此，建內宿禰更是皇后最重要的心腹；征戰期間，皇后甚至將皇太子交給建內宿禰看管，自己才輾轉出巡於各地。

皇太子登基成爲第15代**應神天皇**以後，想要迎娶一位名叫髮長比賣的美女爲妻，可是其皇太子大雀命看見該名少女便一見鍾情，於是便去拜託建內宿禰「你能不能去請求天皇將髮長比賣賜給我？」像這樣的情形，從來就只有悲劇，但也不知道是否建內宿禰全力奔走的緣故，天皇竟將髮長比賣賜給了皇太子。建內宿禰便因爲這段故事而被引爲忠臣之鑑，傳予後世。

同一人物在《日本書紀》則以武內宿禰之名登場。《日本書紀》提到武內宿禰出生於景行天皇3年，同代25年也就是他23歲的時候，已經被交付視察北陸與東方諸國的任務了，然後51年則是以49歲之齡任大臣。

其後，成務天皇3年也同樣受任命爲大臣。又，成務天皇與武內宿禰是同一天生日，所以對武內宿禰特別疼愛。

至於仲哀天皇之死和成爲神功皇后心腹等記載，則與《古事記》相同。應神天皇9年，其弟甘美內宿禰進讒言謂武內宿禰有意窺天下；兄弟兩人在天皇面前舉行探湯（把手伸進熱水裡，皮開肉綻的就是惡人），結果由武內宿禰勝出。

武內宿禰最後一次出現在《日本書紀》是**仁德天皇**55年。當時武內宿禰已經295歲，再過48年以後，才又有關於其墓地的記載，也就是說他是以295～343歲之齡辭世的。

武内宿禰年代記

> **武内宿禰** = 古事記裡面叫作建內宿禰，是記紀當中最長壽的人物

景行	3年	1歲	誕生。（紀）
	25年	23歲	視察北陸與東北。（紀）
	27年	25歲	從視察行程歸還。報告蝦夷的存在。（紀）
	51年	49歲	受任為棟樑之臣（大臣）。（紀）
成務	3年	61歲	受任為大臣。（紀）
仲哀	9年	127歲	與皇后合謀隱瞞天皇駕崩噩耗。（紀）
神功	元年	128歲	用計討平叛逆。（紀）
	13年	140歲	陪伴皇太子隨行前往參拜筍飯大神。（紀）
	47年	174歲	辨別新羅與百濟的朝貢品。（紀）
應神	7年	203歲	率韓人挖池。（紀）
	9年	205歲	胞弟甘美內宿彌進言。（紀）
	13年	209歲	髮長比賣賜予皇太子。（記）
仁德	50年	290歲	天皇詠歌稱其長壽。（紀）
	55年	295歲	於因幡國下落不明。（風土記）
允恭	5年		關於其墓的記載，若該年過世，則有343歲。（紀）

曾經當過紙鈔像的武內宿禰

明治時代到昭和時期曾經使用各種形形色色的紙鈔

以長壽與忠於天皇而聞名

武內宿禰

關聯項目

●仲哀天皇→No.064

●神功皇后→No.065

●應神天皇→No.067

●仁德天皇→No.068

應神天皇

應神天皇一說是史實上的第一位天皇，而且這位天皇不論是他的誕生還是他的親生父親，無不是眾說紛紜。

●內定的天皇

應神天皇是**仲哀天皇**與**神功皇后**的獨生子，從前神功皇后征伐新羅時即將臨盆，硬是用石頭綁住肚子，沒在新羅生下來的那個孩子，就是應神天皇。早在他出生以前，就已經決定由他繼承天皇皇位，因此他也可以說是胎中天皇。

他是在仲哀天皇死後經過好一段時間才出生，因此亦有說法指其並非仲哀天皇之子。日本政府指定的重要文化財產——8世紀的文獻《住吉神社神代記》就有則記載神功皇后與住吉大神之間密事（情事）的紀錄。是故，亦有說法指應神天皇乃住吉大神之子。除此之外，還有說法認為他是**武內宿禰**之子。

從前應神天皇聽聞日向國的髮長比賣甚是美貌，決定召其前來。她剛乘船抵達難波津，皇太子大雀命就為其美貌所懾，於是拜託建內宿禰讓應神天皇把這女孩賜給自己。

應神天皇聽過這個請求以後，很爽快地答應了皇太子。

在日本神話裡，父子兄弟爭奪同一個女人的例子屢見不鮮，此處天皇卻例外地答應了皇太子的請求。應神天皇肚量之大自是不在話下，但建內宿禰這位名臣亦是影響頗鉅。

不過日本歷史學卻有個說法，說是應神天皇與其子**仁德天皇**實為同一位天皇，只是分成兩代而已。

根據這派說法，從分成兩代以後的紀錄可以看到應神天皇召見髮長比賣的部分，以及仁德天皇娶髮長比賣的部分存在；為使這兩個部分連貫，遂有上述逸聞的誕生。

應神天皇的和風諡號（死後使用的讚揚名號）叫作品陀和氣命。和氣是當時使用相當廣泛的名字，此外亦有說法認為品陀和氣並非諡號而是其本名。

應神天皇與仁德天皇與髮長比賣的關係

應神天皇 = 仲哀天皇與神功皇后的獨生子。亦稱胎中天皇。
但真正父親是誰卻眾說紛紜。

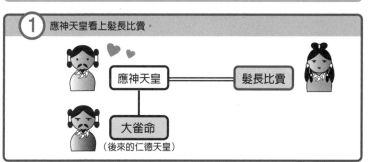

① 應神天皇看上髮長比賣。

應神天皇 ——— 髮長比賣

大雀命
（後來的仁德天皇）

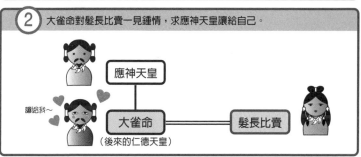

② 大雀命對髮長比賣一見鍾情，求應神天皇讓給自己。

應神天皇

讓給我～

大雀命 ━━━ 髮長比賣
（後來的仁德天皇）

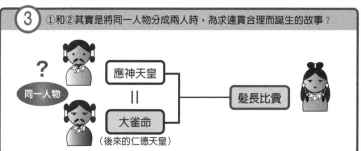

③ ①和②其實是將同一人物分成兩人時，為求連貫合理而誕生的故事？

?

同一人物

應神天皇
∥
大雀命
（後來的仁德天皇）

髮長比賣

關聯項目

●仲哀天皇→No.064　　　　　　●神功皇后→No.065

●武內宿禰→No.066　　　　　　●仁德天皇→No.068

仁德天皇

仁德天皇沒有什麼戰爭征服之舉，卻以慈悲待民為世所知。

●過貧窮生活的天皇

仁德天皇乃**應神天皇**之子，名為大雀命。

他最有名的事績，便是免去三年的稅賦。這件事發生在某次仁德天皇登高山眺望四方的時候。

天皇詔曰：「於國中烟不發。國皆貧窮。故，自今至三年，悉除人民之課役（國內看不到炊煙。國內人民都很窮，所以我決定從今日起的三年內，免除所有稅收與賦役）」。

因為這個緣故，宮殿漸漸崩壞，四處都會漏雨，可是天皇也不修理，只是用器皿盛接雨水，自己躲到沒漏雨的地方，就這樣過日子。

經過三年，國內炊煙四起。天皇又看見人民富裕起來了，這才恢復課役。如此這般使得人民興盛繁榮，免於稅賦之苦。是故，均稱仁德天皇治世為聖帝之世。

然則世間豈有完璧之人？仁德天皇的皇后石之日賣命（《日本書紀》記載為磐之姬命）是個善妒的女子，天皇的其他妃子根本不敢過問宮中之事。

有次天皇召見吉備國（岡山縣）美女黑日賣，黑日賣就曾因為畏於皇后的善妒而逃回故鄉。

可是仁德天皇卻看著黑日賣搭的船詠了首惋惜妃子乘船歸國的和歌：「沖方には　小船連らく　くろざやの　まさづ子　吾妹　國へ下らす」（小船連綿直至外灘，眼看著我的妹子就要回故鄉去），激怒皇后派人去把黑日賣趕下船，讓她徒步走回國去。

還有一次，仁德天皇趁皇后去採新嘗祭要用的御綱柏（橡樹葉）的時候，娶了個名叫八田若郎女的姑娘，氣得皇后把積在船上的御綱柏全部拋進海中，宮殿也不回就直接出家去了。

仁德天皇的善行

仁德天皇 ＝ 應神天皇之子。對待民眾甚是慈悲的天皇

登高山四望，家家戶戶不見炊煙。

「國皆貧窮。從今日起三年內，免除全部稅賦。」

三年後，人民繁榮各家炊煙裊裊，終於重啟稅賦。

人民不須為稅所苦，稱其治世為「聖帝之世」。

多情種仁德天皇

磐之姬命 ＝ 仁德天皇正妃，極為善妒

雖說正妻善妒，也都是因為仁德天皇做下諸多引人嫉妒之舉

正妃

仁德天皇　←好女色

磐之姬命

日向髮長媛	桑田玖賀媛	八田皇女	宇遲能若郎女	黑日賣
本是父親應神天皇的妃子。	畏懼磐之姬命的嫉妒，結果病故。	庶妹。趁磐之姬命不在的時候將其召進宮中。	庶妹。	畏懼磐之姬命的嫉妒，逃回娘家。

關聯項目

●應神天皇→No.067

愛奴神話

其實日本並非僅有所謂的日本神話而已，如今已全數定居於北海道的愛奴人亦有其獨特的神話，只不過愛奴人沒有文字，沒能留下較為完整的紀錄。

那些流傳下來的神話多是以口耳傳承為主，相同的神話往往會因地區或傳承者而異。

愛奴神話有卡姆伊尤卡拉（諸神的敘事詩）、尤卡拉（敘事詩）、維沛凱列（散文故事）等各種不同形式。

其中當然也有講述世界創造的創世神話。

根據愛奴語權威語言學家金田一京助所著《愛奴聖經》，世界肇始之初無草無木，是高坦卡拉卡姆伊（check）（造國土的巨人之神）在那裡創造了愛奴莫希（人類的土地）。

從前這個世界還不存在的時候，茫茫大海中唯獨只有歐普塔帖希凱山（大雪山）山頂露出臉來。高坦卡拉卡姆伊與妹妹降臨山頂，收攏雲朵造成陸地；烏雲成岩、黃雲成土，於是乎才有了山川島嶼和諸多土地。這也是為何如今山頂的巨岩仍然拖曳著雲朵（日高地區）[*1]。

像這則傳說就跟伊邪那岐、伊邪那美降臨神話相當類似。

順帶一提，愛奴神話也跟包括日本神話在內的世界諸多神話同樣，都是採取將世界分成諸神所居天上界、人類所居地上界、死者所居地下界的三層構造。

人類的始祖名叫歐依拿卡姆伊（亦名歐奇庫魯米、愛奴拉克爾）；這位祖先神非但征服了地上的魔神，同時也是為愛奴帶來了文化與產物的文化英雄。

除巨大的雨鱒[*2]與水獺以外，還有飛龍、活像座山卻長了手腳的莫希列奇克奇克、克塔涅奇克奇克等怪物，牠們有的到處搗亂，有的則是綁架神明；例如太陽女神遭到軟禁，後來愛奴拉克爾將其拯救出來，這便是愛奴人的日蝕神話。

愛奴拉克爾消滅雨鱒將其剁碎，碎塊就變成了蟲類和鳥類。他又捉沼澤裡的大魚撒向大地，自此山野充滿鹿隻、河川充滿鮭鱒、大海充滿海獸和魚類，供愛奴人食用。

其次，愛奴人的敘事詩尤卡拉也說無論是男性製作的杵臼、刀鞘、織布機和木鏟等，抑或是女性製作的刺繡、衣帽、針線女紅等物，都是愛奴拉克爾從天界傳來人類世界的。

火神阿佩卡姆伊也很重要，愛奴有許多祭祀儀式供奉。不過愛奴人最重要的儀式仍是伊奧曼帖，若採意譯則為送熊，此處所謂的熊乃是獵物的代表名詞。許多北方狩獵民族都有類似的熊祭，愛奴的伊奧曼帖這種儀式之特徵在於愛奴人會宰殺飼養的熊、食其肉並行祭祀，以祈將其靈魂送回到熊的首領身邊。

* 見 P.229 頁專欄注釋

第4章
民間信仰的
諸多神祇

天津神與國津神

雖然說日本有八百萬神明，不過這八百萬神明卻並非悉屬同格，不能一概而論。

●天之神、地之神、人之神

日本的神明大致可以分成三種。

首先第一種是天津神，也就是居住在**高天原**的眾天之神。此外，從高天原降臨至地上世界的神明，同樣也算是天津神。

天津神起始自世間所謂造化三神、**神世七代**等創世諸神，其子孫也是天津神。天津神以天照大神爲首，身爲其子孫的天皇家也被認爲是天津神的子孫。

其次則是**國津神**。國津神就是指出現於地上世界的諸神，包括海神、山神等各種自然諸神，都屬於國津神的範疇。

不過也有例外。世稱**三貴子**的天照大神、月讀命、素戔鳴尊當然屬於天津神，所以照理說他們的子孫也都該算是天津神才是，然而大國主命等雖然是素戔鳴尊在地上世界的子孫，卻被認爲是國津神。真正理由爲何無從得知，猜想恐怕是因爲素戔鳴尊已遭逐出高天原，因而再也無法享受天津神待遇吧。

順帶一提，日本人有時稱天津神爲天神，稱國津神爲地祇，兩者合稱爲「天神地祇」或「神祇」。

日本的神明除以上兩種以外，還有從前原本是人類的神明。首先是怨靈化神。日本所謂三大怨靈乃菅原道眞、崇德上皇與平將門，有北野天滿宮（京都府）、白峰宮（香川縣）、神田明神（東京都）奉爲神明祭祀（祭祀宮社不僅止於此）。其次，留名歷史者也經常被奉爲神明祭祀，從德川家康到東鄉平八郎，許多英雄、達人都成爲受人崇拜的神明。

這些神明既非天津神，亦非國津神。雖無特別名稱，卻是由人化神。若是給他們個名字，應該可以稱作是人津神吧。

日本神話的諸神便是由以上三種神明所組成。

三種神明

> **日本的神明**＝大致可以分成天津神、國津神、由人化神三種

天 天津神

出現於天上的諸神。

從天上降到地上的諸神。

基本上地位最高。

地 國津神

出現於地上的諸神。

自然現象的神格化。

遭天界放逐的諸神。

地位低於天津神。

由人化神

從前本是人類的諸神。

不如原生神明偉大。

關聯項目

●高天原→No.008　　　　　　　●神世七代→No.012

●日本書紀的三貴子→No.021　　●國津神的成立→No.031

高御產巢日神

高御產巢日神是日本神話當中最矛盾的一位神明，他的真實身分究竟為何？

●單身卻有子嗣、自隱其身的當權者

《古事記》提到的高御產巢日神，是世界始有天地之分、高天原形成時所誕生的**造化三神**其中第二位。換句話說，他是全世界第二個誕生的極古老神明，別名高木神。

書中僅兩處提及高御產巢日神此名，然而其別名高木神卻隨處可見。根據其名諱判斷，一般認為他是產巢日（＝生成）之神。《古事記》裡雖然寫到他是「無配偶無子孫的獨神，業已隱遁身跡」，可是高御產巢日神卻在高天原扮演著相當吃重的角色。思金神以思考之神為世所知，高天原每逢有事需要思量考慮，必定會請出這位神明闡述其想法。從前天照大御神躲在**天之石屋戶**裡不肯出來的時候，也是憑著思金神的策略，方才成功將天照大御神又哄了出來。《古事記》說這位神明便是高御產巢日神之子。

另外在**天孫降臨**時，高御產巢日神也曾經與天照大御神聯名（而且先提到的還是高御產巢日神的名字），挑選前往平定地上世界的神明。起先高天原派遣天若日子降臨地上執行平定任務，豈料天若日子卻背叛高天原，當時以返矢殺死天若日子的正是高御產巢日神。接著高天原又開始議論該派哪個天孫降臨，最後決定派遣天照大御神之子正勝吾勝勝速日天忍穗耳命與高木神（＝高御產巢日神）之女萬幡豐秋津師比賣命所生的日子番能邇邇藝命前去。**神武東征**的時候，高御產巢日神又與天照大御神商議要派遣建御雷神為援軍，儘管後來援軍並未發出，卻也授神劍、遣八咫烏助神武天皇行軍。

身為獨神理應自隱才是，高御產巢日神卻反而把自己的女兒嫁給地上的統治者、欲使其孫成為地上的統治者，可謂是位行事作為相當庸俗的神明。

最矛盾的神是哪一位？

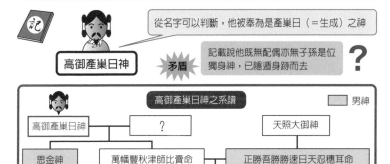

高御產巢日神 ＝ 全世界第二位誕生的古老神明，別名高木神

從名字可以判斷，他被奉為是產巢日（＝生成）之神

高御產巢日神 ── 矛盾 ── 記載說他既無配偶亦無子孫是位獨身神，已隱遁身跡而去 **？**

高御產巢日神之系譜　　　　　　男神

高御產巢日神 ─── ？ 　　　　　天照大御神

思金神　　萬幡豐秋津師比賣命　　正勝吾勝勝速日天忍穗耳命

將女兒嫁給天皇為妻藉以掌權，採取與藤原家相同的策略。　　天皇家

❖ 皇室的祖先是高皇產靈尊？

《日本書紀》本文寫到，天照大神之子正哉吾勝勝速日天忍穗耳尊與高皇產靈尊之女栲幡千千姬生下了天津彥彥火瓊瓊杵尊，而將其任命為地上世界統治者的，乃是皇祖高皇產靈尊。天照大神完全沒有出現在這段敘述中。所有八十諸神全部都聽命於高皇產靈尊一人，而天照大神卻僅得以在一書（異傳）當中下令。

換句話說，按照大和朝廷的官方解釋，天孫降臨乃高皇產靈尊命令而遂行。《日本書紀》甚至還堂而皇之地將其尊為「皇祖」，這同樣代表根據大和朝廷的官方解釋，皇室最重要的祖先（儘管天照大神也是眾多祖先的其中一人），便是高皇產靈尊。

即便如此，《日本書紀》本文提及高皇產靈尊也僅止於天孫降臨這個部分而已。原先頂多只能在一書（異傳）中偶爾露個面的神，到了這裡卻突然變成號令眾神的皇祖，實在令人感到相當奇異。

關聯項目

●世界之初始→No.011　　　　　　●天之石屋戶→No.027

●天孫降臨→No.041　　　　　　　●五瀨命之死→No.049

神產巢日神

神產巢日神同樣也是位充滿了矛盾的神。一方面他是世界最早誕生的孤高神明，另一方面卻也是高天原政治的司掌神明。

●世界最初的神明竟然有母親

神產巢日神接在**高御產巢日神**之後誕生，是《古事記》中第三位出現的神明，同時也是**造化三神**其中之一。

正如其名所示，神產巢日神也是產巢日（＝生成）之神。這位神明跟高御產巢日神同樣，《古事記》也說他「是沒有子孫的獨神，隱遁身跡」。但是只要繼續閱讀下去，就會發現《古事記》這段敘述根本就是錯誤的；他跟高御產巢日神同樣既有子孫、又愛插嘴，到頭來一樣是位俗不可耐的神明。

那麼，這兩位神明究竟有何不同之處呢？雖然《古事記》並未寫明，不過高御產巢日神是天津神的指揮塔，而神產巢日神則是國津神的指揮塔。

以下這件事是發生在**須佐之男**被**逐出高天原**的時候。當時須佐之男向大氣津比賣神乞討食物，後來卻因誤會而將其殺害，從她的屍體中便生出了種子。取種子以為五穀穀種的，據說便是神產巢日神的母神。

這點實在令人覺得相當怪異，全世界第三位誕生的神產巢日神，怎麼會有母神？其次，從前大穴牟遲神（大國主神）差點被眾兄弟神殺死時，大穴牟遲神的母神便曾經向神產巢日神祈願，請他治療瀕臨死亡的大穴牟遲神。

除此之外，從前有位與南國主神共同創造鞏固國土的小小神明，名叫**少名毘古那神**，便是神產巢日神之子，是從他手掌中滑落的神明，就連神產巢日神本身都承認此事。

神產巢日神雖然是國津神的指揮塔，其寶座卻位於高天原。之所以如此判斷，是因為大國主神讓國時曾經詠歌曰：「高天の原には、神產巢日の御祖命の、とだる天の新巢の凝烟の」（高天原神產巢日神的新宮殿的煤），從而得知神產巢日神的宮殿確實是在高天原。

與高御產巢日神同樣充滿矛盾的神明

神產巢日神 = 全世界第三位誕生的孤高神明，擁有母神

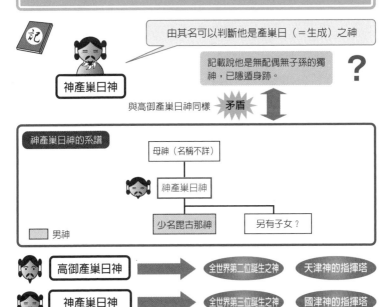

由其名可以判斷他是產巢日（＝生成）之神

記載說他是無配偶無子孫的獨神，已隱遁身跡。

神產巢日神

與高御產巢日神同樣 **矛盾**

神產巢日神的系譜

母神（名稱不詳）

神產巢日神

少名毘古那神　　另有子女？

□ 男神

高御產巢日神 ➡ 全世界第二位誕生之神　天津神的指揮塔

神產巢日神 ➡ 全世界第三位誕生之神　國津神的指揮塔

神產巢日神之謎？

明明是全世界第三位誕生的神明，不知為何卻有母神

明明是獨神卻有子女。而且他還說眾子女當中從手掌內滑落的是少名毘古那神，表示除此以外還另有其他子女

照理說他已隱遁身跡，不知為何卻在高天原有座宮殿，而且還住在那裡

關聯項目

●世界之初始→No.011
●少名毘古那神→No.036
●須佐之男的放逐→No.028
●高御產巢日神→No.070

宗像三女神

傳說宗像三女神坐鎮於玄界灘的島上，她們是守護通往朝鮮半島航路的大海女神。

●須佐之男的女兒

《古事記》記載從前**天照大御神**與**須佐之男命**行**誓約**時，天照大御神曾經折斷須佐之男的寶劍創造神明，當時所創造出來的便是多紀理毘賣命（奧津島比賣命）、市寸島比賣命（狹依毘賣命）、多岐都比賣命這三位女神。這三位女神之所以被稱作宗像三女神，是因為她們是福岡縣宗像市宗像大社的主祭神。

所謂的宗像大社，其實是由位於宗像市的邊津宮、位於九州沿岸大島的中津宮，以及位於玄界灘正中央沖之島的沖津宮這三座神社所組成的；三座神社幾乎呈一直線排列，直指朝鮮半島，因而被視為大陸貿易航路的守護神。順帶一提，沖之島至今仍舊是女人止步，是一座就連男性也規定只能每年進入一次的禁忌之島。既是航海女神，是故除了宗像市的大社以外，日本各地沿海也都建有宗像神社。後來她們的職掌更超越航海，成為各種交通的女神，連內陸也開始建造祭祀的神社。

《日本書紀》一書（異傳）記載的誓約結果恰恰與《古事記》相反。事先宣言若我心清白則所生神明為男神，於是兩位大神便試著創生神明，結果宗像三女神是日神（天照大御神）生的女兒，男神則是須佐之男的兒子。後來日神又命令這幾位女神前往相助天孫，命其降臨筑紫之地。

根據後世史書記載，當時這幾位女神被任以高官重爵。《日本文德天皇實錄》說，天安2年（858年）田心姬官敘正四位下，湍津姬神與市杵嶋姬則是官敘正三位。根據《日本三代實錄》記載，貞觀年間田心姬由正三位→從二位，湍津姬神與市杵嶋姬則是由從二位→正二位，官位愈來愈高，直到貞觀6年（864年）田心姬已官任正二位，而湍津姬神與市杵嶋姬則已經官至從一位了。

玄界灘的守護女神

宗像三女神 ＝ 守護通往朝鮮半島航路的大海女神

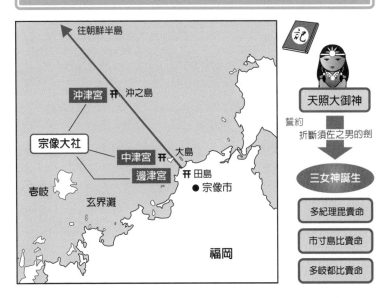

不同傳說各異的宗方三女神及其坐鎮之地

場所	宗像市（邊津宮）	大島（中津宮）	沖之島（沖津宮）
《古事記》	多岐都比賣命	市寸島比賣命	多紀理毘賣命
《日本書紀》：本文	市杵嶋姬	湍津姬	田心姬
《日本書紀》：一書第一	田心姬	湍津姬	瀛津嶋姬
《日本書紀》：一書第二	湍津姬	田心姬	市杵嶋姬
《日本書紀》：一書第三	田霧姬	湍津姬	瀛津嶋姬
《社傳》	市杵島姬神	湍津姬神	田心姬神

關聯項目

●古事記→No.003　　　　　　　●日本書紀→No.004

●天照大御神與須佐之男的誓約→No.023　　●日本書紀記載的誓約→No.024

稻荷神

以「お稻荷さん」（稻荷大人）此名廣受世人所親近的稻荷神是以狐狸與炸豆腐皮為其象徵，究竟這位神明的原貌是何模樣？

●記紀未曾記載的神明

以「稻荷大人」此名為世間民眾所親近，並且以神眷狐狸、紅色鳥居為世所知的稻荷神社，是日本數量最多的神社。據說日本全國共有四萬座稻荷神社，佔全國所有神社三分之一。不光是如此，有時路邊可以發現的小小祭祠裡，祭祀的大概都是稻荷神。此外，過去當家家戶戶仍然設置神龕的時候，許多也都是祭祀稻荷神，如果把這些全都計算進去的話，那麼稻荷神社的數量更是有數十倍之多。儘管如此普遍，稻荷神卻是位連記紀的邊都沾不上的神明。原始的稻荷神本是京都伏見稻荷大社的神體[*1]——稻荷山之神。根據《**山城國風土記逸文**》記載，從前有位富裕的歸化人[*2]秦伊呂俱曾以糯米麻糬為靶射箭，麻糬竟然變成天鵝往山峰飛去，並且生出伊禰（稻），便取意伊禰奈利（結稻）建造一座名叫伊奈利（稻荷）的神社。據說這便是稻荷神社總本宮伏見稻荷大社的由來。

神佛習合時代，因為同樣是以狐狸為神眷，故將佛教中以金狐、銀狐為神眷的荼枳尼天視同於稻荷神。這種混合同化的現象直到現在仍然存在，例如愛知縣的豐川稻荷便是如此，不以神社而是名為妙嚴寺的佛教寺院祭祀之，且所謂的稻荷指的就是其鎮守神明荼枳尼天（本尊是千手觀音，並非稻荷）。

明治時代以後，稻荷神又被視為如同宇迦之御魂神一般的穀物之神。《古事記》裡說這位宇迦之御魂神乃須佐之男命與神大市比賣所生，不過神話中並未記載其事蹟，甚至連性別都不得而知。伏見稻荷大社乃奉宇迦之御魂大神、佐田彥大神、大宮能賣大神、田中大神、四大神這五位神明為稻荷大神祭祀。順帶一提，宇迦之御魂大神在伏見稻荷這裡是位女神。

大家都知道稻荷神乃以狐狸為其神眷，據說這是因為宇迦之御魂神的別名御饌津神又可以寫作三狐神。

* 見P.229頁No.073注釋

稻荷神社

稻荷神 = 民眾均以「稻荷大人」稱呼、受人親近的神明

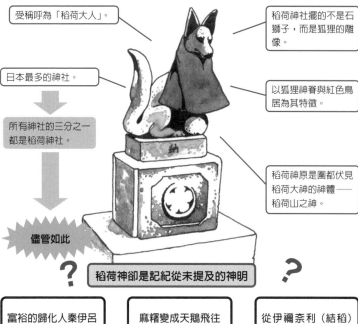

受稱呼為「稻荷大人」。

日本最多的神社。

所有神社的三分之一都是稻荷神社。

儘管如此

稻荷神社擺的不是石獅子，而是狐狸的雕像。

以狐狸神眷與紅色鳥居為其特徵。

稻荷神原是圍都伏見稻荷大神的神體──稻荷山之神。

？ 稻荷神卻是記紀從未提及的神明 **？**

富裕的歸化人秦伊呂俱以麻糬為靶射箭。	麻糬變成天鵝飛往山峰，生出伊禰（稻）。	從伊禰奈利（結稻）的典故而建造名為伊奈利（稻荷）的神社。（伏見稻荷大社）

神佛習合時代	被視為以金狐、銀狐為神眷的佛教荼枳尼天。
明治以後	被視為宇迦之御魂神這類的穀物之神。 神話中並無事蹟，性別不明。

關聯項目

●風土記→No.007　　　　　　　　●各式各樣的神道→No.093

●本地垂迹說→No.096

八幡神

八幡神是日本最具代表性的戰神，以源氏的氏神為人所知，同時也因此成為了眾多武士家族的氏神。

●化為神明的天皇

　　八幡神乃日本戰神。八幡神社與八幡宮總數有人說是一萬座，有的則說是四萬座，是數量僅次於稻荷神社的神社。據說八幡神起初原是北九州宇佐氏的氏神。

　　根據全國八幡神社總本宮宇佐神宮的社殿表示，八幡神乃於欽明天皇32年現身於宇佐此地，乃**應神天皇**之神靈。宇佐神宮社殿還表示，宇佐神宮乃依聖武天皇旨意而建於神龜2年（725年），《續日本紀》記載天平9年（737年）便已有八幡神社存在，當時已有八幡神社想來應該是錯不了的事。

　　八幡神廣受眾多武士家族奉為戰神崇拜，亦稱「弓矢八幡」，這是因為武士家族之起源——清和源氏便是以八幡神為氏神。日本的武士大家奉源氏為祖（當然其中不乏其實並非源氏子孫，只是透過購買假造族譜而以源氏子孫自居者）。就連德川家康也自稱屬於源氏。是故，大部分的武士便都奉八幡神為氏神。

　　武士每逢大事發生就會唱誦「南無八幡大菩薩」，便是來自於這個八幡神信仰，只不過從這段咒語中的「南無」與「大菩薩」不難發現其中涵蓋佛的崇拜。**神佛習合**初期8世紀的時候，朝廷曾經將宇佐八幡奉為佛教鎮護之神、贈「八幡大菩薩」神號，因為這個緣故，各地佛教寺院才開始祭祀八幡神作為寺院鎮護之神。據說太平洋戰爭的時候，軍事基地豎立「南無八幡大菩薩」旗幟的情形也不少見。

　　相傳八幡神乃應神天皇所化神明，奈良時代末期似乎便已經有八幡神＝應神天皇的思想。此外，八幡神還經常與比賣神（即**宗像三女神**）、**神功皇后**合稱八幡三神，同受崇拜祭祀。

奉八幡神為氏神的重要武士（源氏子孫、自稱子孫）

> **八幡神** = 源氏之神，後來也成為許多武士的氏神

日本的武士 → 大多數 → 本姓為 **源氏**

源瀨朝	鎌倉幕府初代將軍。
足利尊氏	足利幕府初代將軍。
新田義貞	建武新政的功臣。
武田信玄	戰國諸侯，甲斐之虎。
佐竹義重	戰國諸侯，板東太郎
細川幽齋	戰國諸侯，同時也是傳授古今的文化份子。
今川義元	有東海第一神箭手美譽的戰國諸侯。
最上義光	戰國諸侯，奧羽驍將。
德川家康	德川幕府初代將軍。
吉良義央	忠臣藏的反派角色。

❖ 武士的本姓

　　除源氏以外，武士的本姓另有平氏（如織田信長與北条氏政等）和藤原氏（上杉謙信與伊達政宗等）、橘氏（楠木正成等人）等姓。

　　所謂的本姓並不是指現在引為自稱的名字，而是指繼承自祖先的姓氏。分家的時候固然仍然可以繼承本姓，名字卻要另外再取，方才使得本姓與名字變成不同的姓氏。

　　就正式場合而言，其實本姓才是真正的姓氏，例如上呈朝廷的文件裡寫的就不是德川家康，而是要寫源家康。

　　只是如果大家都使用本姓的話，那麼同名者勢必就會很多，容易混淆，因此一般都是以名字區別。

　　不僅僅是武士，近衛、鷹司、九条等貴族也是本姓藤原，至於安倍晴明的子孫，本家子孫的本姓雖然仍作安倍，平時卻是以土御門自稱。

關聯項目

● 神功皇后→No.065　　　　　　　　● 應神天皇→No.067

● 宗像三女神→No.072　　　　　　　● 本地垂迹說→No.096

秋葉權現

日本有許多神明雖然未見載於記紀，卻篤受民間信仰，秋葉權現便是其中最具代表性的例子之一。

●守護民眾免於火災之神

秋葉大權現是驅避火難之神，日本上千座秋葉神社的主神。至今仍然以「秋葉大人」或「秋葉權現」之名爲世人所親近，乃防火、防災之神。從「權現」（佛教指佛以其他姿態現身）二字便不難得知他屬於**神佛習合**的神明，傳說其本地佛（原本的模樣）是觀音菩薩，後來才變化成神的模樣現身。

關於最古老的秋葉權現，傳說是始於秋葉山（靜岡縣）有位名爲三尺坊的修驗者*死後受人奉爲大權現。江戶時代有座名叫秋葉山秋葉寺的寺院，該寺守護神便是以秋葉三尺坊大權現之名受民眾崇拜信仰。之所以廣受民眾信仰，其實是因爲秋葉大權現身爲火神，其神德便是要守護日常使用之火、鎮遏災厄之火。目前此信仰仍然以秋葉火祭的形式，得以流傳至今。

從前江戶的城鎮火災非常頻繁，於是民眾遂成立名爲秋葉講的互助會，大家籌集獻金選立代表前往參拜秋葉權現，以祈求眾多會員能迴避火害以保平安；全日本秋葉講的總數甚至還曾經一度多達三萬之譜。另外，與其舉派代表前往參拜，不如將秋葉權現請到附近來得方便，因此當時也相當盛行請來秋葉大權現神靈成立分寺分社。東京的秋葉原就是因爲從前有許多請神分靈所設立的秋葉神社，遂有今日的地名。

明治時代推行廢佛毀釋運動，許多秋葉權現均捨棄權現之名，改以火神**火之迦具土大神（迦具土）**爲祭神，不過有些神社則是改爲祭祀**大己貴神（大國主命）**等其他神明。

話雖如此，也並非每座秋葉神社都很清楚地知道祭祀的究竟是何神明，古時候更是經常不設神社，僅以秋葉權現直接祭祀而已。至於秋葉權現的真正身分，除了觀音菩薩以外，有的說是不動明王、有的說是火天等，每位權現都各不相同。

* 見P.230頁No.075注釋

秋葉山之變遷

> **秋葉大權現** ＝ 規避火難的神佛習合之神。記紀並無記載

奈良時代	大登山靈雲院
平安時代	修驗者三尺坊出現 秋葉山秋葉寺（祭祀秋葉三尺坊大權現）
江戶時代	始有祭祀秋葉權現的秋葉神社出現 秋葉講大為流行
明治時代	廢佛毀釋的廢寺運動 　　　　　　　➡ 三尺坊大權現被移往可睡齋 始有祭祀迦具土的秋葉神社出現 祭祀觀世音菩薩的秋葉山秋葉寺成立
現代	規避火難信仰以秋葉大寺、秋葉寺、可睡齋這三處為主

何謂秋葉權現？

秋葉權現身為火神，負責守護日用之火、鎮遏災厄之火

真正身分？

觀音菩薩、不動明王、火天等，每位權現各不相同。

以秋葉火祭形式流傳至今

秋葉大權現

關聯項目

●伊邪那美之死→No.018　　　　　　　●大國主命→No.034

●各式各樣的神道→No.093　　　　　　●本地垂迹說→No.096

冰川神

冰川神是日本最受信仰的水神，據說其真正身分是素戔嗚尊，因此也是位戰神。

●早自奈良時代便受到信仰的古老神明

冰川神是一位至少從奈良時代起便已受到崇拜的日本神明。關於冰川神的官方紀錄，最早可以追溯至《日本三代實錄》（日本的官方史書之一，記載清和、陽成、光孝三代天皇858～887年間之事）記載貞觀元年（859年）天皇賜武藏國的冰川神從五位上之位。其後冰川神的地位仍然繼續慢慢提升，至元慶2年（878）的時候已經是正四位上了。

有人說冰川神是出雲的斐伊川之神（其根據便在於**《先代舊事本紀》**第十卷提到成務天皇時代出雲曾有批人移居至武藏國，並成為當地國造），有的則說他是從前曾存在於埼玉縣、如今已消失的見沼（當時是片廣大的沼澤地）的水神（亦說為龍神）。無論何者為真，總之冰川神這位水神是受到民眾奉為農業生產所必須的水利之神崇拜，尤其荒川（據說此河經常氾濫發生洪水，遂得此名）流域更將其奉為荒川河神（同時具有助益農業發展的**和魂**與引發洪水的**荒魂**兩種性格）信仰。

後來冰川神又在平安時代與**須佐之男**習合，遂有冰川神＝須佐之男的思想出現（現在冰川神社主要祭祀的便是須佐之男命、其妻**奇稻田姬命**以及其子**大己貴命＝大國主命**三神），因此冰川神亦頗受關東武者奉為戰神信仰。

這個時代附近的武士紛紛請冰川神移靈至自身領地，以致武藏國（埼玉縣東部與東京都東部）建造了數百座冰川神社，據說目前仍有將近300座神社留存至今。這些冰川神社乃以位於埼玉縣埼玉市大宮區的冰川神社為總本社；這座總本社是由祭祀須佐之男的冰川神社、祭祀奇稻田姬命的冰川女體神社以及祭祀大己貴命的中冰川神社（現在稱為中山神社）等三座神社所構成，三者合稱為冰川神社受民眾信仰。據說就連大宮這個地名，也都是因襲這座冰川神社而得來。

冰川神社的由來

> **冰川神** ＝ 日本信仰最廣的水神

出雲斐伊川之神。

從前武藏國見沼（廣大沼澤）的水神（亦說為龍神）。

武藏國境內荒川河神。

有關冰川神社最古老的官方紀錄

《日本三代實錄》貞觀元年（859年）武藏國的冰川神官從五位上

冰川神之由來

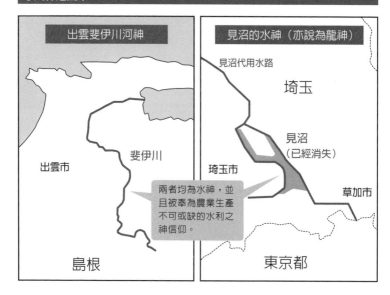

出雲斐伊川河神

出雲市　斐伊川

島根

見沼的水神（亦說為龍神）

見沼代用水路

埼玉

見沼（已經消失）

埼玉市　草加市

東京都

兩者均為水神，並且被奉為農業生產不可或缺的水利之神信仰。

金毘羅權現

金毘羅權現乃神佛習合運動所形成的其中一位神佛，至今仍是廣受日本全國船員水手信仰的航海之神。

●四國最大神社

以瀨戶內海航海之神爲人所知的金刀比羅宮是座坐落於香川縣琴平町象頭山的神社。一般人均以「金毘羅大人」稱呼之，全國共有數百座分社。江戶時代的「金毘羅參拜」是規模僅次於伊勢神宮的「御蔭參拜」的參拜活動，各地分別組成金毘羅講座組織，日本全國許多民眾紛紛前來參拜。除此之外，江戶後期甚至還有名爲「金比羅諸船」的民謠出現，傳唱於庶民之間。象頭山原本有座祭祀**大物主神**的琴平神社；後來受到**神佛習合**影響，方才與佛教的金比羅（佛教十二神將之一宮比羅大將）習合形成金比羅權現，受人參拜信仰。目前可以確知的是，此地最晚在長保3年（1001年）便已經在祭祀金比羅權現了。保元之亂（1156年）兵敗遭流放至四國的崇德上皇亦曾前來參拜，後來他的**怨靈**也被奉於偏殿祭祀。神佛習合當時，這裡是座名叫松尾寺的寺院。至於金比羅權現的本地佛，有人說是十一面觀音，有的則說是不動明王。然而經過明治時代的廢佛毀釋運動，松尾寺不但規模縮小，而且又變回了祭祀大物主神的琴平神社（很快又改名爲金比羅宮），不過幾乎所有人來這裡參拜的都是金比羅大權現，直到今日仍是如此。金刀比羅宮有個名爲「流樽」的特有參拜活動。航經瀨戶內海的船隻來到金刀比羅宮外海時，就會在木桶插上寫有「奉納金比羅大權現」字樣的旗幟，放海漂流。至於木桶裡放的，當然就是奉納貢獻的供品。在海面上發現這木桶的其他船隻，就會代替放流者將木桶運往金刀比羅宮參拜。這麼一來，無論是放流者或代爲參拜者，雙方都能獲得金比羅大權現的庇佑守護。直到現在，從自衛隊與海上保安廳等政府機關船艦、日本郵船與三井汽船等大型海運公司貨船到小小的漁船，甚至日本宇宙航空研究開發機構JAXA的宇宙飛行員，無不前往金比羅宮參拜、奉納繪馬（許願木牌）祈求航行平安，廣受眾多信徒信仰。

以「金毘羅大人」為世所知的神

金比羅大權現 ＝ 瀬戸内海等海域的航海之神。神佛習合所形成的神佛之一

世人將其視同於許多神佛。

名稱	視同的原因
宮比羅大將	金比羅此名相近。
十一面觀音	松尾寺奉十一面觀音為本尊，現在金比羅宮也有供奉。
不動明王	此不動明王為松尾寺旁侍護法，廢佛毀釋時代幾乎遭廢棄。
牛頭天王	神道有此一說。

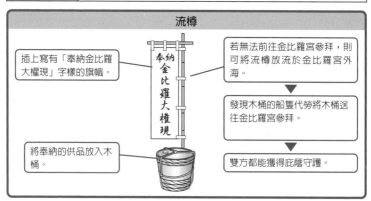

流樽

插上寫有「奉納金比羅大權現」字樣的旗幟。

奉納金比羅大權現

將奉納的供品放入木桶。

若無法前往金比羅宮參拜，則可將流樽放流於金比羅宮外海。

↓

發現木桶的船隻代勞將木桶送往金比羅宮參拜。

↓

雙方都能獲得庇蔭守護。

魚貝海鮮類的禁忌

魚貝類為金比羅神之使者，遂有不可食用之禁忌。是故，吃過海鮮以後有一段時間不可前往參拜，其規定時間則視種類而異。

魚貝類	蟹類	河魚	糠蝦*
禁止參拜之日數	50日	35日	30日

* 糠蝦（Opossum shrimp）：亦譯負鼠蝦。糠蝦目甲殼動物，已知近1000種，多數生活在海裡，多數1～3公分長。

關聯項目

●大物主神→No.037

●本地垂迹說→No.096

●御靈→No.085

淺間大神

富士山神格化形成的淺間大神是經過漫長的歲月以後，方才慢慢演變成為一位美麗的女神。

●原來富士山是位美女

淺間神社可以唸作「あさまじんじゃ（Asamajinjiya）」也可以唸作「せんげんじんじゃ（Sengenjinjiya）」。據說日本全國以關東東海地區為中心，共有千座甚至兩千座淺間神社，是日本幾個數量眾多的神社之一。每座淺間神社的讀音唸法各異，如何發音並無規則可循。

光從字面來看，許多人會以為淺間神社是淺間山（位於群馬縣、長野縣境的活火山）之神，其實「あさま（Asama）」（淺間）此字乃「火山」的古語，所以只要是活火山全部都可以稱作「あさま」（阿蘇、熱海也都同樣是由此演變而來的地名），而此處所謂的「あさま」指的便是富士山。雖然現在稍微沉寂了點，不過從古代至近代曾經多次爆發的富士山，目前仍然分類為活火山，「あさま」此名可謂是當之無愧。

而淺間神社便是祭祀將富士山的**神格化**——淺間大神的神社。不過淺間神在進入中世時期以後卻被解釋為記紀中亦有記載的**木花咲耶姬**（嫁給天孫**瓊瓊杵尊**為妻的海神之女），至今淺間神社當中仍然是以祭祀木花咲耶姬的佔多數；甚至淺間神社的總本宮富士山本宮淺間大社本身，亦將淺間大神視為木花咲耶姬、奉為主祭神。部分的淺間神社裡，其夫瓊瓊杵尊或其父大山祇神也會與其同殿（指於同社同殿一同祭祀的神）。有些淺間神社甚至也會祭祀其胞姐磐長姬，不過為數極少。

木花咲耶姬是經過自己主動放火方才誕生的，故世人均奉為規避火難之神、安產之神。又因為她是海神之女，所以她也是航海、漁產之神。另外，這位女神又象徵著轉眼間便由綻放凋零的花朵，故以櫻花為其神木。除此之外，她身為富士山之神，故又廣受關東眾武將篤信為祈求戰勝之神崇拜；事實上，富士山八合目*以上的土地乃富士山本宮淺間大社之所有地，這塊土地便是由德川幕府所捐贈。

*見P.230頁No.078注釋

奉富士山為神的信仰

> **淺間大神** ＝ 將富士山神格化，奉於淺間神社祭祀

淺間神社

可以唸作「あさまじん
じゃ」或「せんげんじ
んじゃ」。

以關東東海地區為中心分
布於各地，是日本幾個數
量最多的神社之一。

本栖湖

山梨

富士山大宮淺間大社社境

山中湖

河口湖口五合目

須走口五合目

富士山

新五合目　　御殿場口五合目

御殿場市

富士山自八合目以上直徑將近5km的圓形是
內宮境界，面積約400萬m²

富士宮市約有5萬m²屬於本宮

富士宮市

▲ 愛鷹山

富士市

富士山本宮淺間神社亦以5月舉行的流鏑馬活動而
聞名，這項活動始於源賴朝供奉流鏑馬，後來便脈
脈傳承至今

靜岡

三島市

駿河灣

關聯項目

● 八百萬神明的世界→No.002　　　　● 天孫降臨→No.041

● 邇邇藝命的婚姻→No.043

No.079

愛宕大人

愛宕大人雖以鎮護國家之神為人所知，同時也是守護京都免於各種災厄的守護神。

●京都的山神

所謂愛宕大人便是指祭祀於京都愛宕山的愛宕大權現，如今此地有座名為愛宕大人社的神社。愛宕山自古便是天台宗、眞言宗的修驗道場，從前就是眾多修驗者的聚集地。

根據愛宕神社的緣起書《愛宕山神道緣起》記載，大寶年間（701～704年）役行者[*1]與泰澄（白山信仰之開山始祖）獲朝廷允准始造神廟，後來和氣清麻呂（就是曾經企圖阻止弓削道鏡篡奪皇位的那個人物）又在天應元年（761年）造白雲寺，奉愛宕大權現爲鎮護國家之神祭祀。

神佛習合時代，世人相信愛宕大權現的本地佛是勝軍地藏，因此被視為戰神。戰國武將直江兼續頭盔前檔有個「愛」字，一般均以取自愛染明王的說法最為有力，不過亦有說法指其取自愛宕大權現。

白雲寺長期以來一直是神佛習合的修行場所，而愛宕大權現也透過聚集於此地的眾多修驗者，以防火之神、伏火之神的定位，逐漸流傳散播至全國各地。明治時代的神佛分離運動使白雲寺遭到廢絕，改爲愛宕神社；祭祀神明也由愛宕大權現改成火產靈命等**日本神話**的諸神明，直到現在。然而，現代幾乎所有人仍然是爲了參拜愛宕大人而來到愛宕神社的。此外，位於京都西北的愛宕山原本就是祭祀負責阻絕災厄入侵都城的塞神[*2]之地，而愛宕大權現也是平安京的鎮護之神。是以，愛宕大人亦擁有與**道祖神**相同的功能性，從前的日本人也會在村落交界處張貼愛宕大人的護符紙札。

愛宕神社如今仍以防火除厄之神爲世所知，全國共有近千座分社。

* 見P.230頁No.079注釋

重大戰禍牽連的愛宕神社

> **愛宕大人** = 即指京都愛宕山所祭祀的愛宕大權現

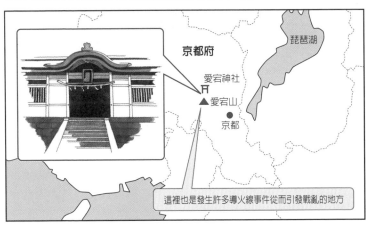

京都府

愛宕神社 🈂

▲愛宕山

京都

琵琶湖

這裡也是發生許多導火線事件從而引發戰亂的地方

保元之亂

平安末期

後白河天皇 VS. 崇德上皇

戰亂的原因之一

為使兒子登基即位天皇，命令藤原賴長前往愛宕神社咒殺近衛天皇

本能寺之變

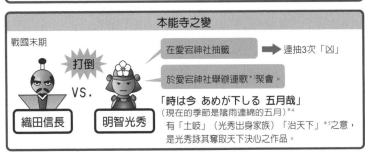

戰國末期

打倒

織田信長 VS. 明智光秀

在愛宕神社抽籤 ➡ 連抽3次「凶」

於愛宕神社舉辦連歌*³聚會。

「時は今 あめが下しる 五月哉」
（現在的季節是陰雨連綿的五月）*⁴
有「土岐」（光秀出身家族）「治天下」*⁵之意，
是光秀詠其奪取天下決心之作品。

關聯項目

●何謂日本神話→No.001　　　　　●本地垂迹說→No.096

●道祖神→No.089

淡嶋大人

淡島神社是座專門以女性為對象的神社，乃婦女病之神，另一方面亦以供養人偶為世所知。

●收藏奉納無數人偶的神社

和歌山縣和歌山市的加太有座加太淡嶋神社。這座神社原本祭祀的乃是淡嶋明神；淡嶋明神是位女神，而淡島神社則是以女性祈求婦女病痊癒、求子、安產諸事的神社而聞名。

相傳淡嶋信仰乃是從江戶時代元祿年間開始流行。當時淡嶋有群通稱爲「願人」的團體，他們唱誦著祭文，將淡嶋明神信仰推廣到了日本各地；他們背著神櫃帶著淡嶋明神神像走遍全國，並提倡淡嶋明神擁有治療婦女病、安產、育子、家事進步等效驗庇蔭。如果把淡島神社、粟嶋神社、粟島神社等同音異字的神社都計算在內的話，那麼日本全國將近共有千座的淡嶋神社。這些神社祭祀的都是淡嶋大人，都是相同系統的神社，而加太淡嶋神社則是這近千座分社的總本社。

根據折口信夫的《三鄉巷談》作品記載，淡嶋大人是住吉三神（底筒男命、中筒男命、表筒男命）的妻神，可是她卻罹患白血長血病*¹，於是住吉之神便拆下大門將她放在門板上，連同神樂太鼓放流大海；後來她就這樣漂流來到加太此地，受當地民眾奉爲淡嶋明神祭祀崇拜。因爲這個緣故，直到今日住吉神社仍然還是少了一片大門門板和神樂太鼓。

自從明治時代**神佛分離**以來，幾乎所有淡嶋神社都改作祭祀**少彦名命**的神社，並且說淡嶋明神是住吉大神妻神此說法只不過是民間俗信而已。儘管如此，大多數人對這樣的說法仍不以爲意，直到現在還有許多人前往淡嶋神社膜拜淡嶋明神。

雛人偶放流活動是日本眾多送神儀式的其中之一，不過亦有說法指此行事其實是來自於淡嶋信仰。

現在的加太淡嶋神社乃以針供養與人偶供養而聞名。所謂針供養就是供養縫衣服用的針，如此信仰乃憑淡嶋明神是位婦女神始得成立，若是男神少彦名神的話，就顯得莫名其妙了。

供養人偶同樣也跟淡嶋神社身爲一座祭祀女神的神社有很大關聯。此地供養的人偶總數超過2萬尊，形成了相當奇異的空間與景象。

* 見P.230頁No.080注釋

淡嶋大人的真面目

淡嶋大人 = 淡島神社祭祀的婦女病之神

少彥名神

嬌小的少年神。

乘著將蘿藦*²剖半挖空製成的船。

住吉明神之妻

乘坐著門板的罹病女性。

國生神話中誕生的淡島

如大海飛沫般柔弱的男性。

乘坐著蘆葦船。

關聯項目

●少名毘古那神→No.036　　　　　　●各式各樣的神道→No.093

●國家神道→No.103

七福神

所謂七福神乃是日本匯整各國福神所創，蒐羅自神道、佛教、道教等諸多宗教，可說是極具日本風格的神班。

●吉祥諸神

七福神乃是集合七位日本所謂吉祥神明所組成的團體，祭拜就能得福得財。早自室町時代便已經有此信仰存在，然則七位福神出身各異，全世界唯獨日本才有將這七位神明統括奉爲七福神崇拜的習俗。

惠比壽：惠比壽是來自大海的福神。此語原本寫作「戎」或「夷」，乃異國者之意，後來才因爲身爲來自大海的神明而被視同爲蛭子神或**事代主神**。

大黑天：印度的摩訶迦羅（濕婆[1]的忿怒形）受佛教吸收所形成的大黑天，跟日本的**大國主神**（此處的大國唸作「だいこく」（Daikoku）習合，然後才形成了今日我等所熟知的背著個大布袋的福神。

弁財天：七福神唯一的女性，爲印度薩囉薩伐底（婆羅賀摩[2]之妻）經佛教吸收後所形成。中國寫作弁才天，後來不知何時變成弁財天，並且成爲財運之神。

毘沙門天：印度神俱毗羅[3]後來變成佛教的「Vai rava a」，採意譯則爲「多聞天」，採音譯則作「毘沙門天」。俱毗羅原是財寶之神，後來才因此變成了福神。

布袋：唐朝中國有個佛僧名叫釋契此[4]，他總是背個布袋布施，遂得布袋此名。水墨畫經常將其引爲題材，描繪他挺著圓滾滾的大肚子、背只大布袋的模樣。相傳最後他成仙去了。

福祿壽：中國道教神祇，乃將人們的普遍願望——福（子嗣）、祿（財產）、壽（長壽）擬人化所形成。中國經常繪製福祿壽肖像張貼，以祈求獲得這三種庇佑。

壽老人：中國道教神明。即南極老人星（船底座的老人星[5]）之神南極老人，乃長壽之神。日本人將其視爲不同神明，但據說他跟福祿壽其實本是相同的神格。

*見P.230頁No.081注釋

諸多吉祥神明

七福神 ＝ 集合神道、佛教、道教等諸多宗教而成的七位福神

惠比壽

大黑天

弁財天

毘沙門天

布袋

福禄壽

壽老人

♣ 初夢

　　所謂初夢就是指正月1日～2日當夜所做的夢（亦有部分地區指為2日～3日做的夢）。從前江戶時代認為初夢是指除夕夜到正月當晚的夢，但據說因為除夕夜守歲不睡的人愈來愈多，所以才往後挪了一天。人們相信只要在這個時候做個好夢，就能得到一整年的幸福。

　　據說所謂的好夢就是一富士、二鷹、三茄子、四扇、五煙草、六座頭。人們為求做個好夢，室町時代皇宮與諸大臣之間就已經有在枕頭底下墊著繪有七福神乘著寶船的圖畫睡覺的習俗；此習俗在江戶時代傳至民間，從此還會在寶船下方書寫這首回文和歌：

　　長き夜のとをの眠りのみな目さめ波乗り舟の音のよきかな。

（船隻順風前行乘風破浪的聲音極為悅耳，好像長夜永遠不會結束似的，不知不覺卻又醒轉過來）

關聯項目

●大國主神→No.034

●大國主神的子孫→No.035

●大黑大人→No.082

大黑大人

大黑大人雖然是位背著只大袋子、體態豐腴的福神，可是追溯其出身，就會發現他其實是位相當恐怖的神。

●黑色破壞神

　　大黑是印度神摩訶迦羅傳入日本後所形成的神明。所謂「摩訶」就是「大」，而「迦羅」則是「黑」的意思，所以中國將其譯作「大黑天」（『天』就是神的意思）。這位神明在日本的正式名稱雖然也叫作**大黑天**，不過人們大多以較為親切的「大黑大人」稱呼之。

　　摩訶迦羅是民間信仰的神明，是濕婆神的忿怒形，也就是濕婆神破壞性力量的象徵。雖然他在印度教裡是不怎麼有名的神，可是他在坦陀羅[*1]佛教裡卻是寺院的廚房之神，從而成為司掌寺院的富饒甚至盛衰之神。其形象有分二臂（左手持袋）與六臂（手持劍、頸掛髑髏），二臂形象掌管的是豐饒，六臂形象則是破壞的象徵，胎藏界曼荼羅[*2]裡畫的就是六臂摩訶迦羅。在中國的佛寺裡，二臂大黑天同樣也被定位為寺院的廚房之神；後來最澄[*3]將其從中國帶回日本，奉為比叡山延曆寺的廚房之神祭祀，此即日本的第一位大黑天。後來只要是天台宗的寺院，廚房裡幾乎都祀有大黑天。日本稱僧侶之妻為「大黑さん（大黑大人）」，據說也是來自於掌管廚房的典故。

　　然而若光是這樣，大黑天恐怕無法變成如今這般重要的神明，如此更顯出他與**日本神話**的**大國主神**的習合的確有其必要性。他們的名字都唸作「だいこく」（Daikoku），而且形象類似（例如左手持袋），從而使得兩者習合，大黑天亦失去其破壞神面向，演變成為福神受民眾信仰。這便是今日我們所知大黑大人的原型。從此以後，人們再也不塑忿怒形的大黑佛像，塑的都是面帶微笑的大黑天肖像。

　　至於現在最普遍的右手拿著打出小槌、左手持袋、腳踏米袋的大黑形象，則形成於江戶時代。大黑大人之所以以白鼠為眷族，據說也是因為從前大國主神曾經獲得老鼠幫助，方得免於被須佐之男燒死之故。

* 見P.231頁No.082注釋

大黑大人的形成演變

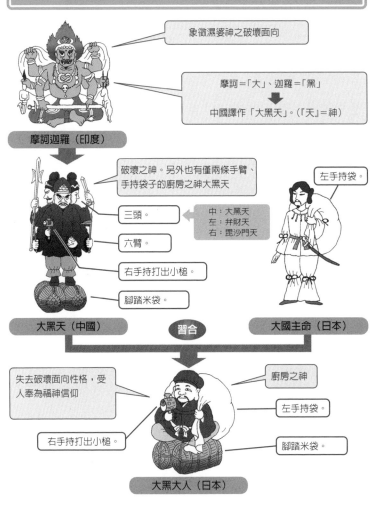

大黑大人 = 印度、中國、日本神習合以後形成的福神

象徵濕婆神之破壞面向

摩訶＝「大」、迦羅＝「黑」
↓
中國譯作「大黑天」。（『天』＝神）

摩訶迦羅（印度）

破壞之神。另外也有僅兩條手臂、
手持袋子的廚房之神大黑天

三頭。

中：大黑天
左：弁財天
右：毘沙門天

六臂。

右手持打出小槌。

腳踏米袋。

大黑天（中國）

左手持袋。

大國主命（日本）

習合

失去破壞面向性格，受
人奉為福神信仰

廚房之神

左手持袋。

右手持打出小槌。

腳踏米袋。

大黑大人（日本）

關聯項目

● 何謂日本神話→No.001

● 大國主神→No.034

● 七福神→No.081

浦島太郎

民間故事所描述的浦島太郎可說是無人不知誰人不曉的人物，可是卻很少有人知道浦島太郎其實是神。

●自古代流傳至今的浦島太郎故事

《日本書紀》雄略天皇22年記載下面這段故事：

丹波國有個人名叫瑞江浦嶋子，他乘船出海釣魚的時候捉到了一隻龜，只見那隻龜轉眼就變身成爲一名女性；浦嶋子很快就愛上那名女性、娶爲妻子，然後又跟妻子一齊入海、前往蓬萊山，甚至見到了許多仙人。

《丹後國風土記逸文》的記載內容則更加詳細：

從前有位名叫筒川嶼子的美男子。他乘船捕魚卻三天三夜沒有收獲，只捉到一隻五色龜。他覺得很不可思議，那龜在他睡覺的時候變成了一名美女；原來這名女性是名叫龜比賣的仙女，說是希望永遠伴隨嶼子。嶼子應承後，兩人就出發前往蓬萊山去，在仙境裡四處遊玩，就這樣經過了三年時間。

後來嶼子的思鄉之情愈濃，愈是嘆息。龜比賣問怎麼回事，嶼子才說是想見見父母雙親。龜比賣雖然嘆道自己憑著金石不移之心欲萬年長伴左右，嶼子這廂卻是思鄉情切、就要將自己拋在腦後，可是嶼子終於還是決定要回故鄉去。龜比賣取出一個美麗的盒子遞給嶼子，交待他說：「若你還沒忘記我、有心要來尋我的話，就絕對不要打開這個盒子」。

嶼子回到故鄉以後，人事景物全非，再也找不到一個他認識的人。他問那裡的住民：「水江浦嶼子的家人住在哪裡」，對方卻說嶼子出海以後就沒有再回來，已經過了三百年。不論他走到哪裡，就是找不到一個認識的人，於是他終於忘記與龜比賣的約定，打開了盒子，他的青春竟然瞬間便消失無蹤影。他知道自己違背約定、從此再也見不到龜比賣，於是詠歌悲嘆。

至於搭救烏龜的情節，似乎是後世人另行增添上去的。

浦島太郎的變遷

浦島太郎 = 自古代流傳下來，幾經變遷以後，方才形成了現在的童話

日本書紀	5世紀	釣到的龜變身成女性。
丹後風土記	奈良時代	主角與女性前往仙界，3年後開始思鄉。 告別女性時，得到一只盒子。 世間已經過300年。 打開盒子後變成老人。
萬葉集	奈良時代	與風土記幾乎相同。
浦嶋神社	平安時代	丹後地區*出現浦嶋明神信仰。 天長2年（825年）創建浦嶋神社。
御伽草子	室町時代	去釣魚的時候發現有隻龜受困，救牠自由。 美女出現，將主角帶往宮殿。後來才發現原來美女就是那隻龜。 打開盒子後變成白鶴飛走。
為孩童創作的童話	明治時代	主角搭救被人欺負的龜。 主角與龜一同前往龍宮城，盤桓數日。 離去時獲得公主餽贈一只玉手箱。 打開盒子變成老人。

* 見P.231頁No.083注釋

浦島太郎的故事

遇見海龜　前往宮殿　經過數年　得贈玉盒　打開玉盒　變成白鶴／變成老人

關聯項目

●日本書紀→No.004

●風土記→No.007

No.084

天神

天神乃落雷之神，也就是所謂的雷神。他雖然是位遭貶謫懷恨、欲將朝廷焚燒殆盡的恐怖神明，卻仍舊有庇蔭佑人類的效力。

●學問之神、雷神

　　所謂天神，其實就是平安時代的貴族政治家菅原道眞的**怨靈**。他是本來頂多只能做到國司[*1]的中級貴族出身，卻因爲宇多天皇欲箝制藤原氏勢力而受到重用，最高曾經晉升至右大臣[*2]官位。可是後來藤原氏欲剝奪醍醐天皇皇位，另立齊世親王爲天皇，菅原道眞同時遭貶至九州任太宰權師，其子弟亦遭放逐九州（昌泰之變）。太宰權師名目上雖然是太宰府的第二把交椅，卻經常被用作將人調離中央的貶謫手段。後來菅原道眞就這樣死在太宰府。

　　豈料菅原道眞的政敵藤原時平以39歲之齡便即病逝，醍醐天皇的皇太子保明親王及其子慶賴王亦相繼病逝。更有甚者，某日正在進行朝議時，清涼殿（天皇住處）發生落雷，同樣有份參與陷害貶謫菅原道眞的大納言[*3]藤原清貫因而燒死，並造成眾多死傷者。至於醍醐天皇當時雖然平安無事，卻也因爲受到驚嚇而使身體狀況惡化，終於在三個月後駕崩。

　　朝廷將此等不祥事均視爲菅原道眞怨靈作祟，遂先復其右大臣官職，進而追封任命正一位太政大臣，以恢復道眞名譽。另一方面，其子弟也紛紛受召回京。

　　這樁清涼殿落雷事件，使得道眞的怨靈從此被視爲天神（雷神），同時還在祭祀雷神之地——京都的北野建造了一座北野天滿宮。另外在道眞的墓地也興建了太宰府天滿宮。

　　時至後世，道眞漸漸地從令人畏懼的怨靈，演變成受人崇拜信仰的學問之神；又因爲他身爲天神，司掌降雨與天氣，自然亦受人奉爲農業之神崇拜。除此之外，各地原有的天神神社到後來也都被認爲是祭祀道眞的神社。

　　據說現在所有祭祀菅原道眞的神社，包括天滿宮、天神社、菅原神社、北野神社在內，總數已經多達數千甚至上萬。

* 見P.231頁No.084注釋

清涼殿落雷事件

天神 = 即雷神＝平安時代貴族政治家菅原道真的怨靈

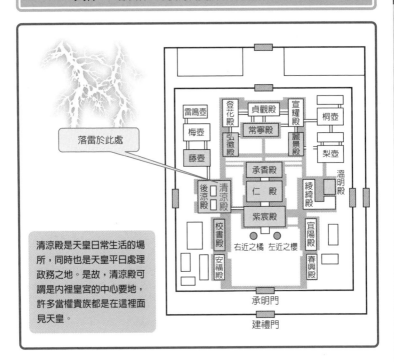

落雷於此處

雷鳴壺

登花殿 貞觀殿 宣耀殿 桐壺

梅壺 常寧殿 麗景殿 梨壺

弘徽殿

藤壺 承香殿 溫明殿

後涼殿 清涼殿 仁 殿 綾綺殿

紫宸殿 宜陽殿

校書殿 右近之橘 左近之櫻 春興殿

安福殿

承明門

建禮門

清涼殿是天皇日常生活的場所，同時也是天皇平日處理政務之地。是故，清涼殿可謂是內裡皇宮的中心要地，許多當權貴族都是在這裡面見天皇。

日本三大天神

京都	北野天滿宮	947年藤原家捐贈土地所建。
福岡	太宰府天滿宮	919年建於道真之墓所在地。
大阪	大阪天滿宮	日本三大祭典之一天神祭的舉辦場所。
山口	防府天滿宮	904年建造的第一座天滿宮。

三大天滿宮當中的第三座或稱大阪，或稱山口

關聯項目

●御靈→No.085 ●各式各樣的神道→No.093

御靈

在神道的世界裡，凡人也能成為神明，其中尤以從怨靈演變成神明的案例所佔比例最多。

●從禍害作祟到福澤庇佑

人死後就會變成靈，這點沒有什麼問題。可是，抱恨而死的人就會變成怨靈；怨靈不單會咒殺怨恨所指的對象，甚至還有可能引起天災與疫病，此即所謂「祟」。

這可不是鬧著玩的。倘若只是針對怨恨的對象，還可以說他是自作自受，一旦形成天災或疫情，將會使得旁人無端牽連受害。更有甚者，懷恨愈深的靈會變成愈發強大的怨靈，造成極大的災害。

日本史上的著名怨靈，尤以早良親王、**崇德上皇**、**菅原道真**等最甚。為鎮慰這些怨靈，朝廷遂追贈官位，甚至奉為神明祭祀，藉此化怨靈為御靈，以期御靈能保佑庇蔭祭祀者。這種信仰怨靈祈求其守護的信仰，即所謂的御靈信仰。

《續日本紀》天平18年（746年）6月18日記載僧玄昉之死寫到「世謂乃遭藤原廣嗣之靈所殺」，是日本官方史書中第一筆記載怨靈的紀錄。

於是乎，遂有鎮慰御靈祈求守護的儀式——御靈會的形成。最早的御靈會乃於貞觀5年（863年）舉行，祭祀的是崇道天皇（早良親王）、伊豫親王、藤原吉子（伊豫親王之母）、橘逸勢、文室宮田麻呂、藤原仲成等六人，合稱六所御靈。

特別值得一提的是，京都有兩座御靈神社名為上御靈神社與下御靈神社，除上述六名以外，還另外祀有吉備眞備、火雷神（菅原道眞），祭祀的是八所御靈（唯上御靈神社並無祭祀伊豫親王與藤原仲成，取而代之的是井上內親王、他戶親王）。至於日本最著名的御靈會，當屬京都八坂神社祭祀牛頭天王的祇園御靈會了，此即所謂的祇園祭，從安和3年（970年）舉辦以來，傳承延續已經超過千年。

化神的途徑

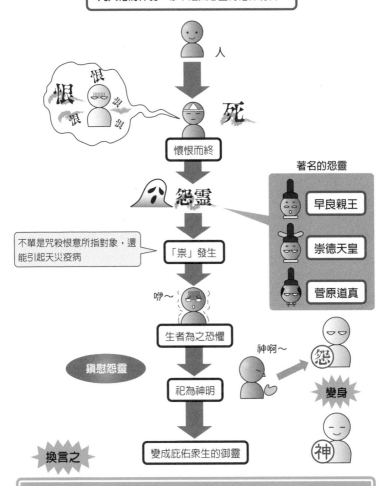

凡人化為神明＝亦不乏由怨靈轉化神明者。

人

死

懷恨而終

怨靈

著名的怨靈

早良親王

崇德天皇

菅原道真

不單是咒殺恨意所指對象，還能引起天災疫病

「祟」發生

咿～

生者為之恐懼

鎮慰怨靈

神啊～

怨

變身

祀為神明

神

換言之

變成庇佑眾生的御靈

御靈信仰 ＝ 信仰怨靈祈求庇蔭守護

關聯項目

●金毘羅權現→No.077

●天神→No.084

成為神明的凡人

除前一節所述怨靈途徑以外，另有許多不同途徑可供凡人成為神明，近代尤以受世間尊敬而成為神明者佔多數。

●尊敬之甚而成為神明者

人們有時會爲鎮慰怨靈而將其祀爲神明，不過有些人並非怨靈，最後也成爲了神明。許多著名的戰國諸侯便個個都成了神，奉於神社祭祀。祭祀織田信長的神社，便是京都的建勳神社。「建勳」正式讀音雖爲「たけいさお」（Takeisao），但大部分人多讀作「けんくん」（Kenkun），這座神社是明治時代以後才建造的。

祭祀豐臣秀吉的是豐國神社。秀吉死後，京都便立刻將其奉爲豐國大明神祭祀，但卻在豐臣家滅亡的同時遭到德川幕府廢止。明治以後重建再興，即現在的豐國神社。除京都以外，幾個與秀吉有地緣關係的地方也在進入明治時期以後，紛紛建立起了豐國神社。

德川家康則是被奉爲**東照大權現**祀於東照宮，現在最著名的當屬日光東照宮，其他還有久能山東照宮等。除此之外，許多企圖討好德川一門甚至將軍家的眾諸侯也競相建造東照宮，使得東照宮在江戶時代曾一度多達數百。

還有祭祀武田信玄的武田神社（山梨縣）、祭祀上杉謙信的上杉神社（山形縣）、祭祀前田利家的尾山神社（石川縣），這些都是創建於明治以後的神社。亦不乏有將明治以後的人物奉爲戰神祭祀的案例。日俄戰爭中戰死的廣瀨武夫中尉便是此類戰神的第一號，祀於廣瀨神社（大分縣）。日俄戰爭的英雄乃木希典在明治天皇駕崩時自殺殉死，也被奉爲戰神；以位於東京都赤坂的乃木神社爲首，日本全國共有數座乃木神社存在。同樣地，東鄉平八郎元帥也有東京都澀谷區東鄉神社等數間神社，都是昭和時代所建。

明治維新的英雄也受到了神格化，如吉田松陰的松陰神社（東京都）和西鄉隆盛的南州神社（鹿兒島縣）等。

元和2年（1616年）德川家康過世，隨即引起該如何安葬的爭論。爭論雙方分別是南光坊天海、金地院崇傳。天海主張應循山王一實神道將其奉爲「權現」祭祀，崇傳則主張應循吉田神道祭爲「明神」。天海向第二代將軍秀忠進言表示明神乃追贈豐臣秀吉的神號，考慮到豐臣家最後滅亡，乃屬不祥。因此，明神此案方才遭到駁斥，並決定將家康奉爲東照大權現祭祀。

成為神明的凡人暨祭祀神社

> 只不過這些神社大多是明治時代以後才建造的

時代	人物	神社	時代	人物	神社
鎌倉	源賴朝	白旗神社	戰國	伊達政宗	青葉神社
	源義經	白旗神社 義經神社		島津義弘	精矛神社
南北朝	楠木正成	湊川神社		毛利元就	豐榮神社
	新田義貞	藤島神社		真田昌幸	真田神社
	後醍醐天皇	吉野神宮	維新	西鄉隆盛	南州神社
戰國	德川家康	東照宮		坂本龍馬 併549神	京都靈山 護國神社
	織田信長	建勳神社		島津齋彬	照國神社
	豐臣秀吉	豐國神社	明治	乃木希典	乃木神社
	武田信玄	武田神社		東鄉平八郎	東鄉神社
	上杉謙信	上杉神社		廣瀨武夫	廣瀨神社
	前田利家	尾山神社		橘周太	橘神社

❖ 德川家康為什麼會成為東照大權現？

　　元和2年（1616年）德川家康過世，隨即便引起該如何安葬的爭論。爭論雙方分別是南光坊天海、金地院崇傳。天海主張應循山王一實神道將其奉為「權現」祭祀，崇傳則主張應循吉田神道祭為「明神」。

　　天海向第二代將軍秀忠進言曰，明神乃追贈豐臣秀吉的神號，考慮到豐臣家最後滅亡，乃屬不祥。因此，明神此案才遭到駁斥，並決定將家康奉為東照大權現祭祀。

關聯項目

●御靈→No.085

●摩多羅神→No.088

現人神

神幾乎不會出現在現代，但我們仍然有機會見到神的出現，甚至可以與神對話，儘管這種機會極為渺小。

●與一言主神的遭遇

《古事記》的雄略天皇項目記載從前天皇登葛城山時，隨行者全員都是紅衣帶、青摺染*打扮。這時卻看見另一頭山腳也有群人正在登山，而且人數和服裝都和天皇一行人一模一樣。天皇問：「此倭國除吾別無君王，誰者如此行進？」，對面傳來的回答內容卻與天皇所言相同，氣得天皇命隨行者發箭，結果對面同樣也射將回來。

天皇又問對方名字，提議雙方先互報名字，然後再弓箭齊放。對方便答道：「既然先被問到那就自己先答，我乃好話壞話一律直言不諱，葛城的一言主大神是也」。天皇聞言後，趕緊畢恭畢敬地將大刀、弓箭連同全員的衣服雙手奉上。據說天皇回去時，一言主大神還從山峰一路目送到入口。

《日本書紀》雄略天皇4年2月也有類似的記載。天皇行至深山幽谷時，遇見一個容貌打扮都跟天皇一模一樣的人。天皇知道遇到的是神，問：「公何處君？」，答：「現人之神也。王且先報上名號」。天皇表明身分，對方才說自己是一事主神。接著雙方便一同狩獵取樂，逐鹿放箭策馬而奔。日暮時分，神還目送天皇離開直到一條叫作來目水的河川。在場看見此情形的，都稱天皇高德。從這裡便可知道，所謂的現人神原本其實是指現身於世間的神明。後來，自天武天皇以下的歷代天皇都被視爲神明。《萬葉集》亦有柿本人麻呂曾經詠道：「皇 神にし坐せば」（皇乃現御神）。與此同時，神明也變得愈發人格化，加以受到佛像影響，使得人們開始製作神像。

如此思想後來演變成爲天皇＝現人神，甚至可以連接到明治至昭和年間所謂**神國日本**的主題，只不過這已經偏離現人神的原先意涵了。

* 見P.231頁No.087注釋

古代王朝的理論基礎

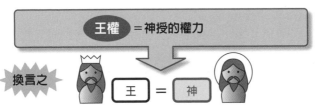

王權 ＝神授的權力

換言之

王 ＝ 神

世界各地的活神仙

現人神 ＝ 出現於現代的神。後來天皇也變成了現人神

現人神

以下全都是現人神

達賴喇嘛

埃及法老王

印加帝國的皇帝

大戰結束以前的日本天皇

關聯項目

●古事記→No.003

●國家神道→No.103

●日本書紀→No.004

摩多羅神

神道還有許多《古事記》與《日本書紀》都未曾提及的神明，其中有些是來自外國的神，甚至也有來路不明的神。

●謎之藝能神

神道是種非常彈性、非常柔軟的宗教，可以輕易地接受外國諸神，並將其轉化成神道的神祇。摩多羅神便是此類神祇的其中之一，是位難以確知是否原生於日本、出身不明的神祇。

摩多羅神是天台密教[*1]常行三昧堂奉爲祕佛祭祀的神。所謂常行三昧是指90天以內除進食、如廁以外不得坐下，必須持續繞行阿彌陀如來並不停誦經唸佛，就連睡覺也只能靠著門框、稍微打盹的非常嚴苛修行；而摩多羅神便是這項嚴苛修行的後戶之神（隱藏於本尊阿爾陀佛身後的神）。

此外，這常行三昧堂經常會以舞蹈、猿樂[*2]等藝能獻神，使得摩多羅神亦被奉爲藝能之神信仰；現在的摩多羅神反而大多是以藝能之神身分受人崇拜。

除此之外，從前天台宗曾經有支深受眞言立川流影響的支派，名叫玄旨歸命壇；這玄旨歸命壇後來雖以淫祠邪教之罪名受打壓迫害而消失，供奉的本尊同樣也是摩多羅神。

摩多羅神固然是阿彌陀佛的教令輪身（爲引導冥頑不靈的眾生而故意採忿怒形相的化身），其模樣卻甚爲怪異；頭上戴的是中國的幞頭（士大夫戴的頭巾），身上穿的卻是和風的狩衣[*3]，手上還不住地打鼓。部分的摩多羅神圖像會在他的左右配置一對名叫丁禮多與爾子多的童男童女，兩名童子左右手分拿著蘘荷[*4]與竹葉，正在舞蹈。

根據鎌倉時代《溪嵐拾葉集》記載，從前慈覺大師從唐土歸國途中曾經聽聞憑空傳來聲音謂：「我乃摩多羅神，障礙神是也。不拜我者，淨土往生無望」，於是慈覺遂請摩多羅神並祭祀之。據說其眞正身分乃是**大黑天**或吒枳尼天。

有趣的是，東照宮亦設有摩多羅神做爲**東照大權現**之旁侍，至於爲何如此安排無從得知。

* 見P.231頁No.088注釋

藝能之神

摩多羅神 = 出身不明。神道裡有許多神祇是來自外國甚至來路不明，摩多羅也是其中之一

頭戴中國的幞頭。

身穿和風狩衣。

右手竹葉、左手蘘荷舞蹈。

手中打鼓。

左右配有童男童女。

丁禮多

爾子多

廣隆寺的摩多羅神

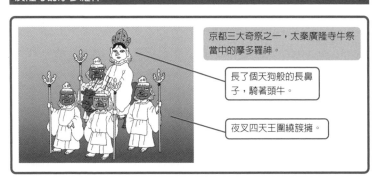

京都三大奇祭之一，太秦廣隆寺牛祭當中的摩多羅神。

長了個天狗般的長鼻子，騎著頭牛。

夜叉四天王圍繞簇擁。

關聯項目

●大黑大人→No.082

●成為神明的凡人→No.086

●各式各樣的神道→No.093

道祖神

自古以來，每每在村落交接境界處，便必定設有道祖神，為守護境界之神。

●石碑之神

所謂道祖神，便是人們設立於村落境界、山道等有內外分別之處，又或是十字路口等道路匯集處的神明。除道祖神此名之外，亦有岐神、塞之神、道陸神等稱謂。這位神明負責恪守境界，避免災厄、惡靈等從外部入侵。「塞」這個字有阻塞之意，也就是說他是位鎮守境界、阻擋惡靈入侵之神。

一般相信惡靈棲息於路口，故有在路口設置守護神的必要性。所謂的「岐」指的就是四岔路口，所以岐神本指設置於路口的神明。可是這些名稱與用法早在古代便已經混淆，無法明確區分。舉例來說，《日本書紀》的一書（有別於本文的其他傳說）就說，從前伊邪那岐從黃泉國逃回來時，黃泉國與世間的境界處就有個岐神，在這裡防止穢厄從黃泉國進入世間。換句話說，此處的岐神其實是位境界之神。

幾乎所有道祖神全都是無社無祠的石造神。其形狀則五花八門，有的是男女成對的石像、有的作男根女陰等性器形象，有的甚至只是在石碑上篆刻文字而已。據說道祖神乃是中國的行路之神傳入日本以後所形成，不過日本原本就有岐神等相同類型的神明存在，於是便在漫長的歲月中漸漸同化了。

道祖神是民間信仰的神明，長期以來歷經過多次質變。其中最重要的一次質變，當屬道祖神與性風俗的混同；將男女生殖器當作咒物道具用以規避災厄的案例遍見於世界各地，而道祖神與此類信仰混同以後，也成為了民眾性事相關願望的祈求對象。更有甚者，道祖神甚至還與地藏菩薩發生習合。回頭想想，地藏菩薩站在六道輪迴路口以拯救眾生，會跟道祖神習合為一，或許也是種必然的結果。

形形色色的道祖神

道祖神 = 鎮守境界的神。別名岐神、塞之神、道陸神

道祖神是各種形狀各異的石碑，其中不少石碑都充滿幽默感，讓人莞爾一笑。

單體道祖神

雙體道祖神

男根型道祖神

文字道祖神

杵糯米餅的道祖神

據說杵是男性、臼是女性，象徵著男女交合。

關聯項目

●日本書紀→No.004

●根國→No.009

●下黃泉國→No.019

191

御白大人

除前述諸神以外，日本也有更加樸實的神明。坐鎮各家神龕、守護萬千主婦的御白大人，正是此類神明之典型。

●農戶的守護神

日本人相信家中同樣也有神的存在，其中尤以東北地區的家神——御白大人特別著名。山形與岩手有神事大人（Okonai-sama），福島則是稱爲御神明大人（Oshimme-sama），這些都是屬於相同系統的家神。御白大人亦稱御白佛（Oshirabotoke）或鍵地藏（Kagijizou），這應是受佛教影響使然。除此之外，御白大人也是農業之神、蠶神、馬神，悉數是農戶之神的相關職掌。

御白大人這位神明乃以人偶做爲御神體，一般都是在約莫30公分長的桑木棒末端裝設頭像，然後再穿上名爲御洗濯（Osendaku）的衣服。另外，通常多是男女成雙祭祀。頭像大多都是男女成對，偶爾也有馬頭與女性頭像的組合。

如何祭祀御白大人，則視地區、家系而異。大多都是各家分別祭祀的氏神型，或者同族團體祭祀同一位御白大人的同族型；不過也有同一地區祭祀同一位御白大人的地緣型，甚至某個信眾集團祭祀同一位御白大人的講義型等，祭祀方法正可說是形形色色。

所有御白大人都有個共通的特徵，就是必須由女性主祀。御白大人的祭祀日（正月、3月、9月的16日）亦稱命日、緣日。每到這天，就要把御白大人請出神龕，爲御白大人更衣、供奉神饌。然後名爲伊田子（Itako）或神饌巫女（Shinsenmiko）的巫女就會雙手捧著御白大人，上下左右搖擺，口中唱唸御白祭文，執行所謂御白遊（御白大人遊玩）的儀式。御白祭文大多是以《御白大人之本地》爲主，有時也會唱誦《金滿長者》、《旃檀栗毛》或《蠶靈之本地》等祭文。

據說祭祀御白大人的家庭便能富貴自在，相反地怠慢者就會禍及氏族。再者，御白大人厭惡兩隻腳和四隻腳的禽獸肉類與雞蛋，有不可食用之禁忌；據說若以獸肉等供奉，將會招致相當嚴重的禍事。

御白大人諸事

御白大人 ＝ 東北地區的家神。同時也是農業之神、蠶神、馬神

御白大人 ＝ 人偶神

木棒末端裝設人頭或馬頭。 ➡ 為木棒穿上紙或布做的衣服。

每逢命日就要加件新衣，愈穿愈厚

御白遊

兩尊人偶
（御白大人的御神體）

御白大人的祭祀日（正月、3月、9月的16日）

＝

亦稱命日或緣日。

⬇

巫女雙手捧著御白大人上下左右搖晃，唱誦御白祭文。

⬇

獲得富貴自在。

關聯項目

●八百萬神明的世界→No.002

大太法師

日本的巨人傳說並不算多，就連民間故事裡所提及的巨人多半也只是旁襯的角色而已。

●衰亡的巨神

此節介紹的乃是日本各地傳承當中，作大太法師、大太坊、踏鞴法師等不同稱呼的巨人。他的傳說大都與造山或造池有關。譬如平地中央僅獨山孤立的地形，就會說是大太法師在一夜之間平地造山。此外，巨人留下腳印積水後形成水池沼澤的傳說亦為數不少。

據說大太法師原是天地的創造神，這跟希臘諸神、北歐諸神都是巨人的說法其實是相同的。

然則，日本奉巨人為諸神的時代卻極為短暫。有人說後來反而是「小子」信仰（如**少名毘古那神**）抬頭，使得巨人跌落原本天地創造神的寶座，僅剩憑藉其巨大力量創造出各種地形的傳說流傳而已。後世的大太法師，最後終於落得僅止於偶爾來到人類世界創造各種地形、所謂山神化身的地位。

根據柳田國男的《大太坊的足跡》記載，大太坊傳說的中心地位於東京。

舉例來說，東京電車京王線有個名叫代田橋的車站，據說代田這個地名便也是來自於從前在此地留下腳印、築起代田橋的巨人大多法師的名字。

其次，武相（指武藏與相模，即東京至神奈川一帶）民眾相信從前有種名叫大太郎法師的巨大鬼神；他們相信相模野的大沼澤便是從前大太郎法師正要發力扛起富士山時，所留下來的腳印。另一則傳說則說從前大太郎法師想要扛起富士山，可就是找不到適合用來把富士山扛在肩上的藤蔓，氣得直跺腳，而跺腳留下的腳印就變成了鹿沼與菖蒲沼這兩個沼澤。據說相模原不生藤蔓，便是因為這個緣故。

大太法師的同類

大太法師 ＝ 天地創造之神。後世視為山神的化身

北歐的巨人神

大太法師　　　　希臘的阿特拉斯[1]　　聖經的拿非利人[2]

＊見P.232頁No.091注釋

✤ 風土記的巨人

　　《風土記》裡收錄了《古事記》與《日本書紀》都看不到的巨人傳說。

　　《常陸國風土記》有則故事記載，有個住在崗上、名叫大櫛的巨人，這個巨人非常高大。

　　巨人的腳印長度有30餘步、寬也有20餘步，光是他的小便造成的洞穴直徑也有20餘步。除此之外，據說他坐在地勢略高的山丘上，直接便伸手去取海岸的大蛤來吃，吃著吃著還把吃剩的殼都堆成小山了。據說這座小山，就是現在的大櫛之岡。

　　一般相信《風土記》所謂大櫛之岡，指的便是茨城縣的大串貝塚（國家指定歷史遺跡）。

關聯項目

●八百萬神明的世界→No.002　　　　　　●少名毘古那神→No.036

座敷童

將其誤解為妖怪之流的人固然相當多，但座敷童其實本是保護家宅的守護神，從前在東北地區廣受信仰。

●孩童模樣的神

所謂座敷童是以岩手縣為中心流傳於日本東北地區的家神，亦稱「座敷小童」、「部屋小童」、「倉童」、「倉小童」、「御藏小童」。傳說座敷童是個約莫5歲到10歲的童子，有著河童髮型和紅紅臉頰。童敷童有時是男孩，有時是女孩，還有些座敷童是一對童男童女。

他們通常出現在老舊家宅等建築深處的日式座敷房，不過有時候也會出現在置物間或土牆倉庫等處。

座敷童都是孩子，自然會幹些無傷大雅的惡作劇，諸如在別人睡覺的時候跑來翻枕頭（硬把枕頭翻過來）、故意踩在灰粉之上留下足跡，或是明明周遭空無一物卻刻意弄出紡車轉動的聲音，但並不會做出真正對人類造成傷害的惡作劇。

由於座敷童是附於家宅的神（或精靈），因此經常只有實際居住在此的那家人才能看見他們。座敷童最大特徵便在於是幸運之神；有座敷童的人家自然就會愈發幸運、繁榮興盛起來，相反地，座敷童離開以後，該戶人家就會愈漸衰退。

柳田國男的《遠野物語》記載了兩則座敷童的故事。

第一則故事裡的座敷童是個住在舊家裡的12～13歲小孩，經常故意出現在別人面前。那戶人家的女兒曾目睹座敷童出現，說是男童；另一則故事則是兩個女童。有天，村人在路上發現兩個不認識的女孩子，上前問她們是從哪裡來的，兩人答說是從山口孫左衛門的家裡來的；再問她們要去哪裡，說是要往同村的另一戶人家去。村人聽到這裡就知道孫左衛門不妙了，果然山口家因為吃了毒菇中毒，主從20餘人一日內中毒身亡，唯一倖存的女孩年老以後亦無子嗣，山口家終告滅絕。

遠野物語的座敷童

座敷童 = 東北地區流傳的家宅守護神。孩童模樣

12～13歲的男孩

散切*¹髮型

絣織*³和服

約莫15歲

兩個女孩

振袖*²

* 見P.232頁No.092注釋

各種傳說當中座敷童的模樣

年齡

3～15歲。

髮型

河童頭。
男孩則作散切髮型。

服裝

絣織和服。
紅色無袖和服。
振袖。

關聯項目

●八百萬神明的世界→No.002

沖繩神話

除愛奴以外，另一個雖然同樣存在於日本卻迥異於日本神話的，即是沖繩神話。

沖繩神話基本上乃採口耳相傳，並無古代文獻留存，以16～17世紀所編纂的文獻最為古老。

1605年的《琉球神道記》是日本的佛教僧所著，將沖繩神祇結合了佛教諸佛，是為其特徵之一。

1623年的《思草紙》是蒐羅沖繩歌謠「おもろ」的歌集，稱得上是沖繩的《萬葉集》。詠唱戀愛的歌謠亦為數不少，還有許多講述自然、神話、戰爭等的歌謠。我們便是從詠唱神話的歌謠中，得知許多有關沖繩神話的資訊。

1650年的《中山世鑑》是琉球王國的第一部正史，只不過這本書是根據日同同祖論，亦即所謂日本與琉球擁有相同祖先的理論而著作的。是故，書中有些諸如平安末期保元之亂中敗下陣來的源為朝逃到沖繩、成為琉球王朝祖先這般牽強附會的論調，可信度相當地低。

1711年的《混效驗集》雖然是琉球語的辭典，不過若從其中選擇的用語來看的話，這本書也可以當某種沖繩博物誌來閱讀。

據其所載，女神阿摩美久、男神志仁禮久遵循天命創造了島嶼。這個部分與日本神話的伊邪那岐、伊邪那美有幾分相似，不同的是沖繩神話先記載的是女神阿摩美久而非男神志仁禮久。沖繩神話似乎是以女神為優先。

可是他們創造的島嶼是座浮島，浪從西邊來就往東邊漂、浪從東邊來就往西邊漂。於是乎，男女兩位神明遂拓展土地、創造森林與岩石，把島嶼變得牢固了。

兩位神明並未交合而只是並肩而處，女神就因為風吹而懷孕了。相傳她生下了三個孩子，一人為主、一人為祝（宗教者），另外一人則是土民的祖先。還有另外一本書則說當時女神生下了三男二女，長男為主、次男為諸侯、三男為百姓、長女為君、次女則是祝的始祖。

除此之外，沖繩還有許多流傳於民間的神話；沖繩的遊太（民間的巫女）之間傳唱著一種叫作「島立神語」的創世神話。

從前石之王與金之君生下了一名男孩；他們還沒來得及為孩子取個聖名，石之王就變成了石頭，而金之君則是變成了黃金。後來這個沒有名字的孩子爬到天上，得太陽神授名島建國建（シマクブダ クミクブダ）。接著他又祈願說想要個島嶼，太陽神卻要他向儀亞島的大王去要，然後他又拜託太陽神給他能夠孕育出人類的種子，太陽神便教他如何用風去製作種子。他又向太陽神許願要食物，但卻等不及允許就直接偷拿了；島建國建因為這件事而被太陽神殺死，不過後來孔雀和鶴又利用湧出的泉水使他復活。

「島立神語」便是這麼一則記載了有關世界起源、人類起源以及食物起源所有事項的神話。

第5章
神道
形成信仰的神話

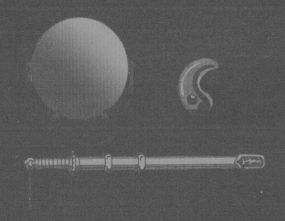

各式各樣的神道

所謂神道便是指信仰日本神祇的宗教。歷經漫長歲月以後，神道再也不只有唯一。

●對各種神祇的信仰

一般相信神道是日本自古傳承至今的信仰。既然神道已經存在如此之久，自然也分出了形形色色的諸多派別。

首先是最普遍的神社神道。神社神道從明治時期直到第二次世界大戰結束前都稱作**國家神道**，不過敗戰後禁止神社干涉國家大事，故設立了宗教法人神社本廳，日本許多神社都受其管轄。一般神社裡神主與信徒執行的祭祀，便是神社神道。

神社神道又可以分成**吉田神道**（京都吉田神社的神主所率領的神道）與伊勢神道（三重縣伊勢神宮主張的神道）等數種，各自對神道都有不同解釋。

另外還有與其他宗教習合所形成的神道，神道本身並無明確的經典或教義，因此要跟其他宗教習合相當容易。除與佛教習合的**兩部神道**（與眞言宗習合）、**山王神道**（與天台宗習合）、法華神道（與法華宗習合）以外，還有與儒教習合的吉川神道（與朱子學習合）、與陰陽道習合的天社土御門神道（由安倍晴明的子孫土御門家所創始）等。

江戶時代主張恢復尚未受儒教、佛教影響的日本古代精神的眾國學家所創設的神道，則是稱作復古神道（後來成為了尊皇攘夷的骨幹思想）。只是復古神道的實際教義卻跟日本自古以來的神道毫無關係，而是國學家們申揚其主張的神道。如今此派別稱爲古道、古神道。

除此之外，神道亦有旁派支流以及神道系新興宗教，這些統稱爲教派神道。譬如祭祀大國主命的出雲教和出雲大社教乃是以國津神爲主祭神，這點便與神道主流有極大差異。至於神道系新興宗教則有黑住教、金光教、大本、生長之家＊等教派。一般稱爲諸派的新宗教當中，許多教派也都受到了神道不小的影響。

＊見P.232頁No.093注釋

與各種宗教習合的神道

神道 = 信仰日本神明的宗教，為日本自古所固有

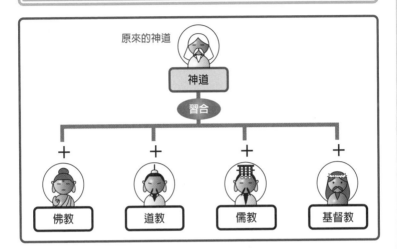

神道系新興宗教及祭祀神明

名稱	主祭神
出雲大社教	大國主大神
大本	國常立大神
大山祇命神示教會	大山祇命
黑住教	天照大御神、八百萬神、宗忠神
金光教	天地金乃神、金光大神
天理教	天理王命
PL教團	大元靈
靈波之光	大宇宙神

關聯項目

●山王神道→No.097
●兩部神道→No.099
●吉田神道→No.098
●國家神道→No.103

請神

日本的神社數量極多。但無論世間有再多神明，恐怕都不夠各家神社供奉祭祀。

●可無數分裂的神

　　日本的神社幾乎可說是每間都必定安置神明的**御神體**。所謂神體就是指神明之所宿，除神像等仍作人形的神體以外，有時也會使用鏡子、寶劍等物體，甚至是石頭等自然物質做為神體；還有些則是以森林、岩石、山地等各種地形為御神體，但是如此巨大的御神體根本塞不進建築物裡面。倘若以山為御神體，那就不比平常神社收納供奉御神體，而是顛倒過來，神社反而處於御神體之中。

　　反正有御神體，就代表有神明宿於其中。可是日本有許多神社祭祀的是同一位神明，而且每間神社都各自供奉了所謂神明宿於其中的御神體。如果是這樣的話，受到眾多神社祭祀的神明，究竟是存在於哪間神社的哪個神體之中呢？再說，伊勢神宮祭祀的是**天照大神**，但天照大神不是在高天原嗎？

　　於是乎，名為分祀的行為便應運而生。所謂分祀，就是指某座神社將自己祭祀的神明分給其他神社祭祀。從接受分祀者的角度來看，這種行為就叫作「請神」。那麼，原先那座神社的神力會不會因為分祀而減弱呢？新神社的神明算是冒牌貨嗎？在神道的思想構造當中，分祀神社與請神的神社同樣都是真的，分祀並不會使得任何一方的神力有所衰減。神道認為，神是可以無限分割的，而且分割出來的神都能保持其原有的力量，都是同一位神。這也可以說是一種神跡。耶穌就可以透過奇跡同時出現在全世界所有彌撒當中，也許所謂的神原本就是這個樣子的。順帶說明，向外分祀者若是神社則稱總本社，若是神宮則稱總本宮；得其分祀者則稱分社抑或今宮。舉例來說，**稻荷神社**的總本社便是伏見稻荷大社，**八幡神社**的總本宮則是宇佐八審宮。

形形色色的御神體

> **神體** = 神之所宿。有的作人形，有的則是物體，甚至是自然物

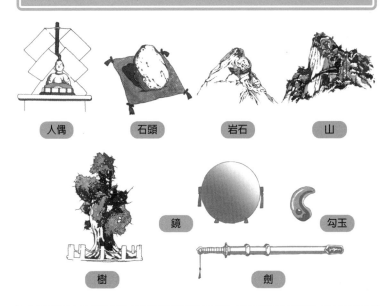

人偶

石頭

岩石

山

鏡

勾玉

樹

劍

本社與分社

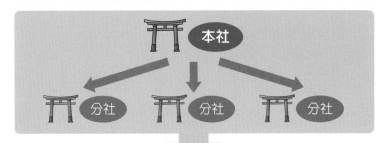

全都是同一位神，威能也相同。

關聯項目

● 天照大御神→No.022

● 八幡神→No.074

● 稻荷神→No.073

● 神社的構造→No.104

203

荒魂與和魂

雖說日本許多神明對人類都相當溫和愛護，但不代表他們永遠都如此溫和，其實仍然有狂暴而恐怖的意念存在。

●神的兩個面向

神道的神在同一個神格當中，同時存在著帶來災厄的攻擊性部分以及守護眾人的和平部分；前者稱荒魂，後者則稱和魂。

此二者共存於同一位神明之中，荒魂出則引發災厄，和魂出則授人以幸福。平時太陽固然能帶給我們溫暖、使植物成長等恩惠，可乾旱時卻會成為災厄，這就可以說是同一神格當中和魂與荒魂兩種面向的表徵。當然了，諸多神祇還是有神格中和魂佔多的神祇以及荒魂佔多者的區分。

和魂又可以分成幸魂與奇魂。所謂幸魂，就是好比增加收成之類、能夠為人帶來幸運的神力，而奇魂則是透過奇跡助人的神威。如果同一位神明荒魂與和魂的性質差異過鉅，有時候會再各自為荒魂與和魂另取神名，有時甚至還可能會將兩者視為兩個完全不同的神。

《日本書紀》的一書記載，從前**大國主神**創造國家時中途失去了搭檔**少彥名命**，正不知該如何是好，忽見神聖光霞中有位神明出現，對他說：「如果沒有我，這個國家將不得安穩。只要有我，便能創造偉大的國家」。大國主神問：「你是何人」，答：「我就是你的幸魂、奇魂」，又說：「我住在大三輪之山」。位於現今奈良縣的大神神社主神**大物主神**，就是大國主神的幸魂、奇魂。換言之，大國主神的幸魂、奇魂形成了有別於大國主神的另一個神格，且被供奉祭祀在另外一個地方。

天照大神在伊勢神宮（祭祀天照大神）裡也有另一個名為荒祭宮的神社（這種作法稱為境內別宮），特地將天照大神的荒魂（名為天照坐皇大御神荒御魂）分開來祭祀。

神魂的兩個分類

神道的神 ＝ 同一神格擁有兩個不同面貌

荒魂 ＝為人帶來災厄的攻擊性部分

和魂 ＝守護人們的和平部分

由於荒魂與和魂兩者性質相差過大，有時還會再各自為荒魂與和魂另取神名。

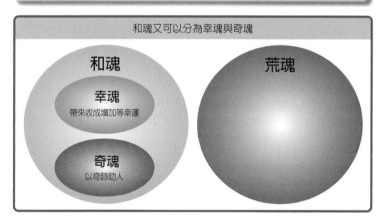

和魂又可以分為幸魂與奇魂

和魂

幸魂
帶來收成增加等幸運

奇魂
以奇蹟助人

荒魂

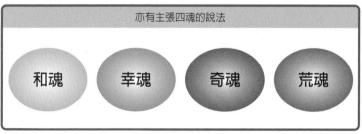

亦有主張四魂的說法

和魂　**幸魂**　**奇魂**　**荒魂**

關聯項目

●天照大御神→No.022　　　　　　　●大國主神→No.034

●少名毘古那神→No.036　　　　　　●大物主神→No.037

本地垂迹說

神道與佛教這兩個已經在日本生根的信仰，非但相互影響，還曾經一度要融合為一。

●神道神祇的本家

佛教傳入日本已超過千年，早在日本落地生根。但是說到如何看待佛教與神道之間的關係，無論對為政者，或是實際從事宗教事務的僧侶、神官，一直都是惱人的課題。於是乎，後來才會產生所謂神佛習合，也就是將神道佛教合而為一的思想。

本地垂迹說便是神佛習合的其中一個看法；根據此派說法解釋，日本神祇其實是佛教諸佛為拯救日本芸芸眾生而形成、現身的化身。此類神祇稱為**權現**，是「權且（暫時）」「現身」的意思。早在本地垂迹說尚未出現以前，佛教則是將日本的神祇解釋定位為天部。所謂的天就是印度教諸神受佛教吸收所形成的神，較著名的有帝釋天、**弁財天**等。他們並不像佛已經得悟，因此雖然擁有能為守護佛教而戰的力量，卻仍然不能免於煩惱與痛苦的束縛。此類諸神祇被稱作護法善神，佛教便是把日本諸多神祇都當作是此類護法善神之一來理解。

可是，如果只把天皇的祖先天照大神等重要神明看成天部而已的話，那就把日本諸神看得太低，會產生許多不愉快，所以後來才改為贈送比天部高一個等級的菩薩號，譬如**八幡神**後來就獲得了菩薩的名號，被稱為八幡大菩薩。

進入平安時代以後，遂有本地垂迹說的成立。佛為本地、神為垂迹*，於是日本諸神祇便開始配對，並且被視同於各自的本地佛。以**天照大神**為例，她是太陽神又是世界的中心主神，故而以大日如來做為其本地佛。

除此以外，也有人相信日本的神會守護佛教的諸佛與信徒。於是在神佛習合的諸多形式當中，又有例如神宮寺（位於神社境內的寺院）或鎮守社（位於寺院境內、祭祀寺院守護神的神社）等各種揉合了神道與佛教信仰的產物誕生。

*見P.232頁No.096注釋

本地垂迹說的神佛配對組合

> **本地垂迹說** = 將日本神祇作佛教諸佛的化身解釋

日本的神	佛
天照大神	大日如來
八幡神（應神天皇）	阿彌陀如來
素戔鳴尊（牛頭天王）	藥師如來
大國主命	大黑天
冰川明神	十一面觀音
建御名方神	普賢菩薩
天滿大自在天神	十一面觀音
稻荷神	荼枳尼天

本地垂迹說與反本地垂迹說

本地垂迹說 佛 化身 神　佛化身為神

反本地垂迹說 神 化身 佛　神化身為佛並前往世界

❖ 神社與寺院的揉合體

　　石清水八幡宮是祭祀八幡神的神社。這八幡宮如今雖然是個純粹的神社，不過從前江戶時代卻還有個名叫石清水八幡宮護國寺的寺院。同樣地，鶴岡八幡宮也有座名為鶴岡八幡宮護國寺的寺院。

　　日光東照宮是奉德川家康為東照大權現祭祀的神社，不過從前江戶時代，這裡卻是由東照宮＋二荒山神社＋輪王寺＋日光連山修驗道修行場所組成，整體統稱為日光山，是個神社與寺院渾然一體的巨大宗教設施。

關聯項目

●天照大御神→No.022　　　　　●八幡神→No.074

●秋葉權現→No.075　　　　　　●七福神→No.081

山王神道

雖說同樣是神佛習合，卻也有各種不同的流派存在，山王神道便是其中非常古老的一支。

●始於最澄的神佛習合

山王神道是一支於平安時代左右興起於比叡山延曆寺的神道流派。其實佛教在中國也與道教產生部分習合，當時佛教寺院當中便有祭祀道教的伽藍神*。當時正在中國留學的最澄得知此事，回國後在比叡山創立延曆寺時，便曾經奉山王權現爲延曆寺的地主神（鎮守土地之神）祭祀。

山王權現是比叡山山岳信仰之神，名叫大山咋神（別名山末之大主神），乃大年神之子。同時也是滋賀縣大津日吉大神（從前唸作ひえたいしゃ（Hietaishiya））的祭神，《**古事記**》也曾記載：「此神坐於附近淡海國（滋賀縣）日枝之山（比叡山）」。又從位於奈良三輪山的大神神社請來**大物主神**，經過融合後，遂有比叡山的守護神山王權現之誕生。

神佛習合的時代將山王權現視爲釋迦的垂迹*，各地天台宗寺院亦建造祭祀山王權現的山王社，以爲佛寺鎮守。

進入明治廢佛毀釋時代以後，延曆寺的山王社分離成爲日吉大社，各地的山王社也紛紛改爲祭祀大山咋神的日枝神社或日吉神社；這也是爲何許多日枝神社與日吉神社通常都在距離天台宗佛寺不遠處的緣故。山王神道的中心思想叫作三諦即一；所謂三諦就是假諦（萬法妙有）、空諦（諸法眞空）、中諦（諸法實相非有非空）。「山」和「王」兩個字都是用一個筆劃連接三條平行線，據說便是三諦即一思想的象徵。

江戶時代，仕於**德川家康**的南光坊天海曾經提倡一種山王一實神道，但這山王一實神道其實並無內容，只不過是個探討該以何種名目將德川家康奉爲神明祭祀的方法論；其不同處也僅止於它主張山王權現等同於天照大神，是大日如來的垂迹而已。德川家康後來便是因爲這山王一實神道，方得受人奉爲東照大權現祭祀。

＊見P.232頁No.097注釋

山王

山王神道 = 神佛習合當中一個非常古老的流派

何謂山王權現

- 比叡山的山神暫時化身的權現。　　　➡ 名為大山咋神。
- 天台宗之鎮守。
- 日吉神社的祭神。
  全國的日吉神社、日枝神社總數達3千間以上，其中主祭神大多都是從日吉大社請來的。

山王一實神道

⬆

將德川家康奉為神明祭祀的方法論。

山王權現　＝　天照大神　＝　大日如來

何謂三諦

假諦

所有物事都只不過是因緣際會而發生的暫時性存在（稱為有）。

空諦

所有物事都是同一個存在（稱為空）。

中諦

所有物事非有非空，而為其中庸。

關聯項目

●古事記→No.004　　　　　　　　　●大物主神→No.037

●成為神明的凡人→No.086

吉田神道

神佛習合大多都是以佛教為主、神道為輔，有些人卻無法忍受如此的情況，從而孕生吉田神道。

●以神為尊的世界

從前有個人物反對神佛習合當中以佛為主、神為附屬的**本地垂迹說**，進而提倡以神為主的神道（反本地垂迹說），此人便是室町時代的吉田兼俱。他所提倡的神道，就叫作吉田神道（亦稱唯一神道）。

其實在此之前已經有以神為主的神道，名為伊勢神道，可是伊勢神道卻在南北朝時代選擇了南朝，所以伊勢神道也就隨著南朝勢力的衰退而愈見式微，終於完全失去了影響力。

兼俱將神道分成本迹緣起神道（各家神社各自主張不同的起源緣起）、兩部習合神道（將曼荼羅諸佛對應於諸神的神佛習合神道）與元本宗源神道三種；他斥前二者為異端，僅以元本宗源神道為吉田家的正統神道。

元本宗源神道可以分為顯露教與隱幽教兩種。

顯露教乃以《**古事記**》《**日本書紀**》《**先代舊事本紀**》三部作品的本文以為教示，正因為這三本書公開流傳甚為廣泛，此教義也已經散佈於民間。相對地，隱幽教則是主張《天元神變神妙經》《地元神通神妙經》《人元神力神妙經》三部神經，這三本書由吉田家祕密收藏，其教義也一直都是祕密；只不過亦有說法懷疑這三部神經其實是兼俱自創的。

其教義反對以佛為主、神為附的本地垂迹說，主張以神為主、佛為從屬的反本地垂迹說，可是我們從兼俱自身的著作當中，仍然可以看到他深受佛教與道教的影響。

因為這些著作，再加上兼俱本身的政治才能，吉田神社後來方得以發展成為祭祀日本所有神祇的大神社，而吉田家也才獲得了掌握日本神社神官任免權的莫大權限。

何謂吉田神道

> **吉田神道** ＝ 以神為主的神道。室町時代吉田兼俱的主張

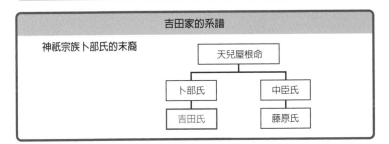

吉田家的系譜

神祇宗族卜部氏的末裔

```
              天兒屋根命
          ┌──────┴──────┐
        卜部氏          中臣氏
          │              │
        吉田氏          藤原氏
```

元本宗源神道（吉田家傳承的正統神道）

元 揭露陰陽不測之元 ＝ 主張天地開闢神話闡明了世界的肇始。乃國常立尊之所為。

本 揭露一念未生之本 ＝同上。

宗 揭露一氣未分之元神＝天地開闢之際，唯神方是根本。
歸於萬法純一之元初＝所有教示（宗教）均來自於神。

源 揭露和光同塵之神話＝佛乃以神為根本。
開一切利物之本基 ＝釋迦與孔子均是憑著神的意志施行教示。

吉田神道的經典

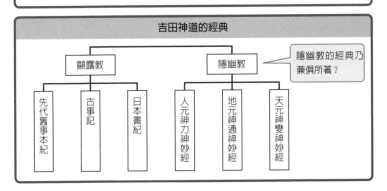

```
              ┌──────────┴──────────┐
          顯露教                  隱幽教
      ┌─────┼─────┐      ┌─────┼─────┐
    先      古     日    人     地     天
    代      事     本    元     元     元
    舊      記     書    神     神     神
    事            紀    力     通     變
    本                  神     神     神
    紀                  妙     妙     妙
                        經     經     經
```

> 隱幽教的經典乃兼俱所著？

關聯項目

●古事記→No.003　　　　　　　●日本書紀→No.004

●先代舊事本紀→No.005　　　　●本地垂迹說→No.096

兩部神道

空海創始的真言宗也在神佛習合的潮流中開始漸漸汲取神道思想，
終於形成歷史堪與山王神道相比擬的兩部神道。

●真言宗的神道

　　佛教是非常柔軟富彈性的宗教，其思想構造方便佛教將各
地土著神祇吸收成爲諸佛座下的守護神。

　　譬如所謂的「天」，就是佛教將婆羅門教諸神吸收爲佛教
守護神而來的產物。想當然爾，佛教傳入中國以後吸收了道教
諸神，傳入日本以後則是吸收了神道的諸多神祇。

　　至此遂有神佛習合的神道誕生。其中經過眞言宗體系化所
形成的，便即所謂的兩部神道。

　　眞言宗將兩界曼荼羅——胎藏界曼荼羅與金剛界曼荼羅分
別對應至日本諸天神祇。胎藏界曼荼羅的大日如來對應至**天照
大神**，金剛界曼荼羅的大日如來則是對應至豐受大神，所以伊
勢神宮內宮與外宮之神各自相當於兩界曼荼羅的大日如來。因
爲以兩界曼荼羅表徵諸神，故稱兩部神道。

　　根據兩部神道的解釋，《古事記》的**神世七代**（國之常立
神、豐雲野神、宇比地邇神與須比智邇神、角杙神與活杙神、
意富斗能地神與大斗乃弁神、淤母陀琉神與阿夜訶志古泥神、
伊邪那岐神與伊邪那美神）便相當於佛教的過去七佛（毘婆尸
佛、尸棄佛、毘舍浮佛、狗留孫佛、狗那含佛、迦葉佛、釋迦
佛）。兩部神道誕生於平安時代，成立於鎌倉時代，長期以來
一直是日本神道的中心思想。儘管後來飽受**吉田神道**與**復古神
道**等尊奉神道爲主的反本地垂迹說勢力攻擊，但以佛教最大教
派爲背景的兩部神道，在明治維新以前仍得以長期在日本佔有
重要地位。

　　可惜的是，明治時期的神佛分離與廢佛毀釋的運動，使得
兩部神道發生關鍵性的衰退。不過也不可忘記，日本神道的歷
史幾乎從頭到尾都處於兩部神道這種神佛習合的狀態之下。

兩部曼荼羅與諸神

兩部神道 = 神佛習合諸神道當中，經真言宗體系化所形成的神道

 曼荼羅 ➡ 以大日如來為中心配置諸佛尊，藉以表徵開悟境界與世界觀的圖像。真言宗有兩個曼荼羅。

胎藏界曼荼羅	金剛界曼荼羅

胎藏界曼荼羅

		外金剛部院		
		文殊院		
		釋迦院		
		遍知院		
地藏院	蓮華部院	中台八葉院	金剛手院	除蓋障院
		持明院		
		虛空藏院		
		蘇悉地院		

大日如來端坐於中央的八瓣蓮花之中，周圍配置四如來、四菩薩。除此之外釋迦院還有釋迦如來等，由12院409尊佛所構成。

金剛界曼荼羅

四院會	一印會	理趣會
供養會	成身會	降三世會
微細會	三昧耶會	降三世三昧耶會

集合9個曼荼羅所組成，相對於胎藏界的「理法身」（象徵真理的實踐面），金剛界的「智法身」象徵著真理的理論精神面向。

胎藏界 大日如來 ＝ 天照大神

對應至日本的諸神祇

金剛界 大日如來 ＝ 月讀尊

將曼荼羅提及的所有佛對應於伊弉諾尊等日本神話的諸多神祇

兩部曼荼羅

採納進入神道

兩部神道

在明治維新以前的日本神道一直佔據著相當重要的地位

土御門神道

土御門神道是揉合了陰陽道與神道所形成的極特別組合，同時也記載了自平安時期直到今日陰陽道源流脈絡的陰陽師族譜。

●應仁之亂逃亡者建立的神社

眾家神道當中最為特異者，當屬天社土御門神道。

此乃陰陽道宗家土御門家（由安倍本家改名而成）於江戶時代揉合陰陽道與神道二者所獨創之神道，因此可說是佛教、道教、修驗道、神道等思想之融合體。

土御門神社本廳乃土御門神道宗家，位於福井縣境內。為什麼京都土御門家的神社會跑到福井縣呢？因為這裡本來就是土御門家的封地，當初土御門家為躲避應仁之亂的戰火，才會遷徙來到他們的封地。雖然後來得以返回京都，不過此地在進入江戶時代後依舊是土御門家封地，受其影響管轄。

土御門家在江戶時代取得了掌管全國陰陽師的權力，以如此權力做為背景，當時的宗家之主土御門久脩（桃山～江戶時代的人物）遂創立土御門神道，眾多陰陽師都成為了土御門神道的信徒。這個時候，土御門神社似乎已經存在了。

進入明治時代以後，陰陽師不再是朝廷的官員，陰陽道開始在民間受到信仰。即便如此，幾乎所有的陰陽師都還是尊奉宗家土御門家的神道。第二次世界大戰後，日本成立土御門神社本廳，土御門神道才終於有了本社。

土御門神社本廳祭祀的乃是泰山府君、鎮宅靈君與安倍晴明三位神明。泰山府君原是道教神，後來佛教亦將其吸收並出現於**胎藏界曼荼羅**之中，乃是陰陽道的主祭神；鎮宅靈君則是鎮遏家宅災厄的鎮宅七十二靈符之神，同樣也是一位道教的神明；至於安倍晴明則是土御門家的祖先，是日本最有名的陰陽師。土御門神道祭祀的便是以上三位，就其奉道教神祇為主神祭祀這點來說，是個極為罕見的神道。

最特異的神道

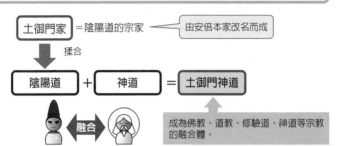

土御門神道 ＝ 揉合陰陽道與神道而成的獨特神道

土御門家 ＝陰陽道的宗家 ── 由安倍本家改名而成

揉合

陰陽道 ＋ 神道 ＝ 土御門神道

融合

成為佛教、道教、修驗道、神道等宗教的融合體。

安倍家改為土御門家的緣由

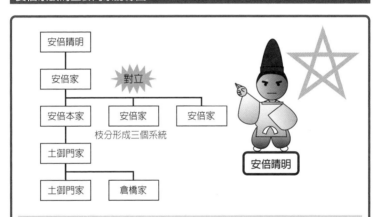

安倍晴明

安倍家

對立

安倍本家 ── 安倍家 ── 安倍家

枝分形成三個系統

土御門家

土御門家 ── 倉橋家

安倍晴明

　　安倍家於平安時代分裂成三個系統，同族之間屢有對立。室町時代後期，安倍本家以其屋宅所在地而改名為土御門家，後來，與安倍家屬於不同陰陽師家系的土御門家，遂成為了陰陽師之首。

　　江戶時代，又有分家倉橋家從土御門家枝分而出，同樣行使陰陽道。其他還有若杉家、皆川家等，也都是土御門家的分家。

關聯項目

●各式各樣的神道→No.093

●兩部神道→No.099

No.101

復古神道

江戶時代因為有許多優秀國學家的大力推動，使得「恢復古代神道」的運動蔚為盛行，結果才有復古神道的誕生。

●國學家創設的神道

所謂復古神道，乃是江戶時代眾多國學家當中的頂尖人物「國學四大人」——荷田春滿、賀藏眞淵、本居宣長、平田篤胤——所主張提倡的神道。他們力倡摒除混入神道的印度與中國思想（即佛教與道教），以恢復純粹的日本神道思想。

話雖如此，佛教尚未傳入以前的日本神道究竟是何模樣，也已經無法確知。再說當時流傳下來的文獻，雖然有《古事記》《日本書紀》《先代舊事本紀》《萬葉集》等，不過前三者其實是史書，後者則是歌集。現代固然知道古代的神道屬於**泛靈信仰**的一種，可是江戶時代的人們並不知道；當時他們主張的雖然是自然的神道，但似乎比較接近於所謂的老莊思想。其次，當時還有「日本是全世界最優秀的國家」的思想。換句話說，復古神道可說是滿載著眾多國學家思想的神道。

本居宣長在自身著作當中主張**天照大神**是太陽，同時也是位人格神；這個太陽是日本的神，而由其子孫擔任天皇所統治的日本是全世界最尊貴的國家。

平田篤胤卻認爲宇宙的根源乃是天御中主神、高皇產靈神、神皇產靈神這三位**造化三神**，而非天照大神。可是，他們固然是最早出現的神明，實際上卻什麼都沒有做。其實篤胤便也曾說：「此世是爲辨吾人善惡而生之片霎世界，故吾人本世實爲幽世」，主張造化三神是本世之神，也就是幽世之神；至於當世，他還是主張必須忠誠於天照大神與天孫（＝天皇家）。復古神道一方面成爲了明治維新尊皇攘夷的思想背景，另一方面其主張日本優於他國，該當稱王於世界的思想，則可以連結至明治以降的**國家神道**。若從這個角度來看，它負有促成明治維新之功與引發第二次世界大戰之罪，則復古神道可謂是個功過摻半的思想。

復古神道的散播

復古神道 = 江戶時代國學家所提倡的神道

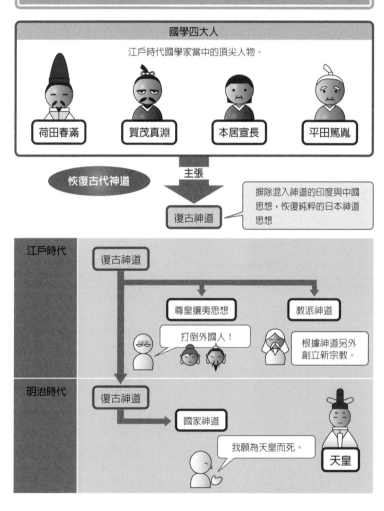

國學四大人

江戶時代國學家當中的頂尖人物。

| 荷田春滿 | 賀茂真淵 | 本居宣長 | 平田篤胤 |

恢復古代神道

主張

復古神道

摒除混入神道的印度與中國思想，恢復純粹的日本神道思想

江戶時代

復古神道

尊皇攘夷思想

打倒外國人！

教派神道

根據神道另外創立新宗教。

明治時代

復古神道

國家神道

我願為天皇而死。

天皇

伯家神道

天皇家自古以來當然是以神道儀式從事祭祀，而實際職掌其中祭祀諸事宜者，便是所謂的伯家神道。

●天皇家的儀式

伯家神道並非宗教，而是個儀式體系。

從前天智天皇建立的律令制度設有專職執行祭祀儀式的官吏，名爲神祇官；神祇官之長，稱作神祇伯。

起初神祇伯是由專職祭祀的家族如**忌部氏**或是中臣氏出任，11世紀以後則改由白川家世襲任職。白川家是花山天皇之孫自皇家降至臣籍所形成的貴族家，當時有個出任神祇伯者可回歸天皇家的傳統（僅神祇伯一人而已，而且退休後還要降回臣籍），故亦稱白川伯王家。或許是因爲宮中祭祀乃天皇職掌，而神祇伯身爲其代行者，所以才將白川家視爲天皇家成員吧。

白川伯王家代代相傳的儀式體系，便即伯家神道。

照理說，擔任神祇伯的伯王家應該位於神道的頂點才是，然則室町以後，全國神職的任命權卻遭新興的**吉田神道**所奪，反而屈居其下，使得白川家沒落到幾乎只剩下宮中的祭祀事宜而已。即便如此，白川家仍然保有著神祇伯的地位。

進入江戶時代以後，白川家致力於對全國神社宣傳指導他家所沒有的古老傳說與儀式作法，以圖取回遭吉田家奪去的權限，使得伯家神道得到某種程度的散播推廣，同時還著作《伯家部類》等書籍，留下極珍貴的紀錄。

伯家神道的眞正破滅發生在明治維新。其實照道理來說，宮中祭祀本來應該隨著天皇家的復權而得到強化，神祇伯之權威也該愈發提升才是，可是明治政府卻廢止了神祇官，將白川家棄爲區區子爵。

天皇家的祭祀儀式至此斷絕，伯家神道不復存在，只不過現代倒是仍有許多人以承繼伯家神道衣缽者自稱便是。

白川伯王家的興衰

| 花山天皇 | 清仁天皇 | 延信王 | | | 資訓王 | 資長 |

第65代天皇

延信王：降臣籍、創立白川家，受任命為神祇伯，是個只要世襲神祇伯便能稱王的極特殊家族

資訓王：第31代當家 末代神祇伯

滅亡

資長：伯家神道 正統斷絕

至今仍然存在的皇室祭祀儀式

四方拜	1月1日	遙拜四方神祇。
歲旦祭	1月1日	三殿（賢所、皇靈殿、神殿）的年初祭事。
元始祭	1月3日	祈祝皇位鞏固、國家繁榮。
奏事始	1月4日	向天皇奏報伊勢與宮中的祭祀行事。
祈年祭	2月17日	於三殿祈求豐收富饒。
春季皇靈祭	春分	於皇靈殿祭祀祖先。
春季神殿祭	春分	於神殿拜謝神明。
神武天皇祭	4月3日	神武天皇駕崩之日，於皇靈殿舉行祭典。
皇靈殿御神樂	4月3日	神武天皇祭當夜，以御神樂撫慰神靈。
節祈	6月30日	為天皇行祓。
大祓	6月30日	為國家、國民行祓。
秋季皇靈祭	秋分	於皇靈殿祭祀祖先。
秋季神殿祭	秋分	於神殿拜謝神明。
神嘗祭	10月17日	於賢所以新穀供奉神明。
新嘗祭	11月23日	以新穀供奉皇祖與眾神，是最重要的祭祀。
賢所御神樂	12月中旬	於賢所以御神樂奉慰神明。
節祈	12月31日	為天皇行祓。
大祓	12月31日	為國家、國民行祓。

關聯項目

●古語拾遺→No.006

●吉田神道→No.098

國家神道

國家神道向來被視為使日本陷入太平洋戰爭泥沼的其中一個元凶，卻鮮少有人知道國家神道其實是人為創造出來的神道。

●明治時代形成的神道

所謂國家神道，就是從明治維新開始支配日本宗教界，直到第二次世界大戰戰敗為止約莫八十年的神道。

其實，大日本帝國憲法第二十八條也寫到「若無妨害安寧秩序或悖離臣民義務之情事，則日本臣民有信教之自由」，明確記載儘管有一定的限制，人民仍有宗教信仰的自由。

然而帝國政府卻說神道並非宗教，所以把神道設置凌駕於其他宗教之上並沒有違反憲法，遂有堂而皇之以國家資金投入官社（政府管理的神社）的事情發生。

國家神道的教義並不明確，其概略如下：

最最重要的，便是天皇的定位。國家神道首先主張天皇是承繼自**天孫**的萬世一系，是乃**現人神**，然後再從這個事實演繹編織出各種理論。

天皇是神，是國家國民之父。所以說為天皇奉獻犧牲，從臣下的角度來看便是忠義，從天皇之子的角度來看便是孝行。於是乎，國家神道就這麼成了主張所有國民都該為天皇奉獻行動的思想。

因為天皇是現人神，所以大日本帝國這個神所領導的國家便是一個受神明保佑守護的神國，從而衍生出身為神國的日本有領導亞洲、甚至全世界之義務的理論。理所當然地，大日本帝國的戰爭都是為達到上述目的而行使的聖戰，永遠都是正當的。既然是如此的聖戰，臣民自然都要為此而戰，而參加聖戰戰死者則會化作英靈、成為神明。

據說這些國家神道教義其實是參考了基督教等諸多宗教，於明治時期透過人為手段所創作出來的。

為成立國家神道而採取的政策

| 國家神道 | = | 從明治維新起，支配日本宗教界直到二戰戰敗為止，約80年的神道 |

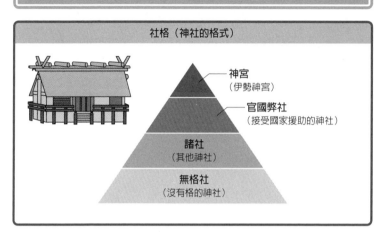

社格（神社的格式）

- 神宮（伊勢神宮）
- 官國弊社（接受國家援助的神社）
- 諸社（其他神社）
- 無格社（沒有格的神社）

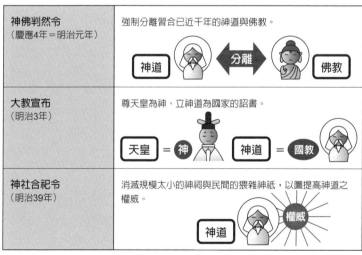

神佛判然令 （慶應4年＝明治元年）	強制分離習合已近千年的神道與佛教。 神道　分離　佛教
大教宣布 （明治3年）	尊天皇為神、立神道為國家的詔書。 天皇＝神　神道＝國教
神社合祀令 （明治39年）	消滅規模太小的神祠與民間的猥雜神祇，以圖提高神道之權威。 神道　權威

關聯項目

●天孫降臨→No.041　　　　　　●現人神→No.087

●各式各樣的神道→No.093

神社的構造

日本國內有無數神社，其中絕大多數都是遵照固定規矩所建造的建築。

●膜拜御神體的場所

寺院設置有佛像。換句話說，寺院裡面的是「像」，人們透過這個像來拜佛。相對地，神道卻認為神本身就在神社之中，因此神社便等於是直接膜拜神明的場所。

也不知是否因為這個緣故，神社的建築可以分成本殿與拜殿兩者（神社的建築不僅止於此，本節僅就主要建物而論）。

所謂拜殿，就是人們入內在此膜拜神明的場所。其他像是神社的祭典等儀式，神職者也都是在拜殿執行。一般民眾頂多只能進到拜殿而已，所以許多人或許會以為拜殿是整座神社裡最重要的建物也說不定。

拜殿其實是平安時代以後才出現的建物，像伊勢神宮和春日神宮就沒有拜殿。神社當中最重要的，還是該神社的神。**御神體**（神明宿於其中的物體）其實是放置在位置比拜殿更裡面的本殿之中；換句話說，神明所在的本殿才是整座神社裡最神聖、最重要的建築。然而本殿通常都隱藏於拜殿後方，參拜者鮮少能夠目睹，再加上有些本殿因為並未設計要供人出入所以蓋得很小，有些以整座山為御神體的神社則根本就沒有本殿，使得本殿往往容易受到輕視。

除此之外，有些神社還會在拜殿之外，另行設置幣殿存放信徒獻給神明的供物，許多神社也設有社務所做為神社的管理事務所，還有些神社在境內設有祭祀其他神祇的攝社（祭祀土地神祇或主祭神相關神祇）或末社（祭祀其他神祇）。

很多神社在境內亦設有狛犬或鳥居。狛犬本是印度神殿的裝飾，於飛鳥時代傳入日本；據說起初原本是獅子，現在則是變成了犬。

神社地圖

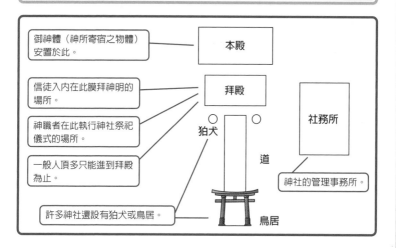

神社 ＝ 神本身就存在於神社之中
建築物可以分為本殿與拜殿兩個部分

御神體（神所寄宿之物體）安置於此。　→ 本殿

信徒入內在此膜拜神明的場所。　→ 拜殿

神職者在此執行神社祭祀儀式的場所。

一般人頂多只能進到拜殿為止。

許多神社還設有狛犬或鳥居。

狛犬

道

社務所

神社的管理事務所。

鳥居

形形色色的本殿建築

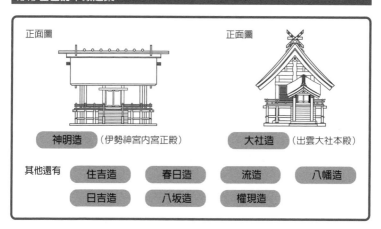

正面圖

神明造　（伊勢神宮內宮正殿）

正面圖

大社造　（出雲大社本殿）

其他還有　住吉造　春日造　流造　八幡造

日吉造　八坂造　權現造

關聯項目

●請神→No.094　　　　　　　　　　●神社的參拜作法→No.105

神社的參拜作法

神社的參拜有別於佛寺，所以我們去神社或寺院的時候，必須視場所改變膜拜的方法。

●二拜二拍一拜

　　就算是沒什麼堅定信仰的人，相信還是會在過年等時節去神社參拜，許多人也會在孩子的七五三等節日去神社參拜。趁這個時候稍微觀察一下，就會發現許多人在參拜時，只不過是有樣學樣而已。且讓我們來介紹正確的參拜作法吧。

　　首先是手水的使用方法。神社和寺院的入口會有水源湧出，一旁置有柄杓。這是做什麼用的呢？

　　其實這就是淨身的簡化版。按照道理來說，參拜者必須事先齋戒沐浴方可前往神社參拜，可是平時參拜也要齋戒沐浴實在繁瑣，遂以手水洗手漱口代替之。

　　首先以右手持柄杓汲水清洗左手，然後把柄杓換到左手，清洗右手。再把柄杓換到右手，汲水於左掌，用掌心的水漱口（不可直接以口就杓）。接著將柄杓豎直，用剩下的水清洗木柄。最後將杓口朝下放回原來位置。以上就是手水的使用方法。

　　其次是禮拜。神社的禮拜，稱作二拜二拍一拜。

　　首先走到神前，挺直身板鞠躬兩次。按照原來的規定，鞠躬時腰部必須彎曲至90度，不過現代已經沒有必要做到這等程度。其次，雙手合十置於胸前；這時雙手要稍微錯開，右手指尖稍稍低於左手，接著拍手兩次，最後再鞠躬一次，便告結束。搖響鈴鐺和投香油錢等動作，要在二拜之前進行。向神明祈求願望，同樣也是排在二拜之前。

　　除此之外，還有些將古時候的參拜形式保留下來的神社。譬如**出雲大社**和宇佐神社就是採取二拜四拍一拜，**伊勢神宮**則是四拜八拍一拜。

手水的使用方法

① 右手持柄杓舀水。

▼

② 洗左手。

▼

③ 柄杓換到左手。

▼

④ 洗右手。

▼

⑤ 再把柄杓換到右手。

▼

⑥ 舀水於左手掌心。

▼

⑦ 以掌中水漱口。

▼

⑧ 豎起柄杓，以剩下的水清洗木柄。

▼

⑨ 杓口朝下放回原來位置。

不可將柄杓就口

二拜二拍一拜的程序

①神前挺直身板，鞠躬兩回。

②雙手合十置於前，右手稍微低於左手，拍手兩回。

③最後再鞠躬一回。

關聯項目

●讓國→No.040

●神社的構造→No.104

注釋附錄

No.001

* 奧菲斯（Orpheus）：又譯俄爾甫斯。古希臘傳說中的英雄，有超人的音樂天賦。傳說他是繆斯女神和色雷斯王俄阿戈斯（Oeagrus）的兒子，太陽神阿波羅把他的第一把七弦豎琴給了奧菲斯，奧菲斯的歌聲和琴韻十分優美動聽，各種鳥獸木石都會圍繞著他翩翩起舞，曾為了找回死去的愛妻歐莉蒂絲下冥界，卻因為忍不住回頭確認妻子是否跟隨在後，最終失去了她。

No.009

*1 神避：指身分高貴者或神明死亡。

*2 儀來河內（Nirai Kanai）：古琉球傳說中位於大海彼方或海底的他界。那是個為現世帶來幸福、繁榮與豐饒的樂土，古琉球人認為人類生活中的所有重要事物諸如火、稻米、無限生命的泉源——靈力等，全部都是來自於儀來河內。

No.010

* 萬葉集：現存最早的日語詩歌總集，收錄了4世紀至8世紀4500多首長歌、短歌，共計二十卷。

No.013

* 「～佐氣都島」：意為「從難波岬遙望我國，可以看見淡島、淤能碁呂島與檳榔之島。還有佐氣都島也看到了」。

No.014

* 天津神（Amatsukami）：國津神（Kunitsukami）跟天津神是日本神話裡登場之神明的分類。天津神是指踞坐高天原、以及從高天原降臨凡間的神明，相對地，國津神則是統稱出現在各地方的眾多神明。在日本神話裡，幾乎所有國津神都是受到天津神統轄的下屬。

No.019

* 黑御鬘：日本古代將變成黑色的蔓草插在髮間以避邪驅魔的作法，該物即為所謂的黑御鬘。

No.026

* 逆剝：若按照日語原文直譯是指從相反的方向將馬皮剝下來，然而學界對逆剝看法不一，有的說逆剝是從馬屁股剝皮，此舉侵犯了神事的神聖性，其實逆剝原意只是單指殺傷家畜而已；有的則說逆剝是從馬頭剝皮，會讓

人連想到蛇的蛻皮、彷彿死馬會再度復活，故視爲禁忌。

* 賢木：學名爲日本紅淡比（Cleyera japonica），原產於東、西半球溫帶和熱帶地區。日本神道稱之爲「榊」，與日本扁柏、日本柳杉並稱爲「神樹」。爲日本常見的景觀設計及神社植物。

* 酸漿果（Physalis）：茄科的一屬，80種小型草本植物。其合生花萼張大而呈囊狀，包埋一肉質漿果，成熟漿果呈鮮明的橘紅色。有的種類因可食而稱爲地漿果、冬漿果、草莓番茄、醋果番茄或有殼番茄。

* …遂有須賀之名：日語所謂「清暢」（すがすがしい）讀音同「須賀」（すが）。清地：亦讀作「すが」。

* 稻羽的素兔：即「因幡的白兔」（いなばのしろうさぎ），兩者讀音相同，寫法不同而已。

*[1] 葦原色許男：一說此名有「葦原國的花花公子」之意。
*[2] 糙葉樹（Aphananthe aspera）：榆科糙葉樹屬的植物。落葉喬木，高達20米；葉卵形，三出脈，邊緣具單鋸齒，上下兩面密被平伏的硬毛，上面在毛脫落後仍粗糙。生長於海拔500米至1000米的地區，多生長在山谷和溪邊林中，目前尚未由人工引種栽培。

*[1] 神體：指神靈之所宿，神社奉爲祭祀祭拜對象的神聖物體。古代相信山岳、巨岩、大樹等物是神體或神的寶座，今日則多使用鏡、劍、玉、鉾、御幣、影像爲神體。
*[2] 幸魂：日本神道相信神擁有荒魂與和魂兩種靈魂，其中荒魂是指粗暴的破壞性力量，而和魂則是霖雨陽光等溫柔和平的面向。和魂又可以分成幸魂與奇魂兩種，其中幸魂是指透過運氣帶給人們幸福、帶來收獲的力量。
*[3] 生魂：乃指使萬物得以欣欣向榮的靈力，使人類得以繁榮活潑的靈力。

*[1] 蘿藦（Asclepiadaceae）：龍膽目的一科，280餘屬，約2000種熱帶草本或灌木狀攀緣植物，稀灌木或喬木。
*[2] 白蘞（Ampelopsis japonica）：亦稱鵝抱蛋、白葡萄秧。分布於中國東北、華北、華東及中南各省，亦見於日本。全草以及塊根可以入藥，用於清熱

解毒、消腫止痛，不過不宜與烏頭同用。中醫上以塊根入藥，性微寒、味苦辛，功能爲瀉火、散結、生肌、止痛，主治癰腫瘡毒、燙火傷、赤白帶下、淋巴結核等症。

*3 鷦鷯（Troglodytes troglodtes）：俗名巧婦、山蟈蟈。體長約10厘米，頭部淺棕色，有黃色眉紋，上體連尾帶栗棕色，布滿黑色細斑，兩翼覆羽尖端爲白色。

No.037

* 幸魂、奇魂：「幸魂」請參照P.227頁No.035注釋。奇魂也是和魂的一種，乃指透過奇跡直接帶來幸福的力量。

專欄：新嘗祭與大嘗祭

*1 奉幣儀式：供奉幣帛的儀式。所謂幣帛乃統稱獻神的供品，內容經常包括布帛、紙、玉、兵器、貨幣、器物、獸類等物。亦稱御幣、幣束。

*2 聖別：爲某些神聖用途而透過儀式來淨化人或物，以區別普通世俗的用途。

No.045

* 連香樹（katsura tree）：連香樹科（Cercidiphyllaceae）唯一的一種現存植物，學名Cercidephyllum Japonicum，原產於中國和日本。喬木，栽培者樹高15公尺，樹形美觀，從下部開始分枝，樹冠卵形，葉近心形，初紅紫色，後變綠色，將落葉時變黃又變鮮紅色。常栽培供觀賞。病蟲害少，是美化環境的優良樹種。在日本，其木材用於一般建築。

No.047

*1 〜貴くありけり：這首和歌大意是說「紅玉雖美（應指珊瑚），就連穿玉的繩子看起來都會發光似的，可是如果要拿來比喻夫君，還是白玉（應指珍珠）方能表現夫君的尊貴神聖」。

*2 〜世のことごとに：這首和歌大意是說「只要我還活著，我就永遠不會忘記曾經在群鴨聚集的島上（鴨子都是成雙成對）與君共度的那夜」。

No.053

*1 神主：服事於神社、以神事爲業者，即神官、神職者。
*2 大田田根子：即意富多多泥古，音同。

No.054

* 通婚：此處所謂通婚是日本古代一種特殊的婚姻形態。是指夫婦結婚後並不同居，由丈夫前往對方居住場所，孩子由娘家負責撫養。

No.056

* 嚇得朝石臼大叫：日語「臼」音同「碓」，故有此說。除此之外另有個相

當有趣的說法。古代日本有妻子難產受苦時，丈夫也要背負著沉重的石臼繞行屋外的習俗；相傳當時生下第一胎以後皇后還是很難過，天皇只好將已經放下的石臼又再扛了起來，待第二胎誕生、天皇放下石臼以後，肯定對著石臼大聲咒罵過，《日本書紀》便記載到「碓に詛びたまひき」。因為讓天皇扛了兩回石臼，所以才將孩子取名為大碓小碓。

No.057

*¹ 束髮於額：根據日本古代習俗，童子年15、6歲時束髮於額，年17、8歲分為角子（即角髮，請參照P.053頁注釋）。一般15、6歲從軍非比尋常，意在暗示其資質。

*² 日本武尊：《日本書紀》對倭建命的稱呼。

No.058

*¹ 冬青（Holly）：冬青科冬青屬灌木或喬木，約400種，包括流行的聖誕冬青。單葉互生，花小，通常淡綠色，單生或簇生，通常雌雄異株。漿果紅色或黑色。

*² 國造：大化革新以前的世襲制地方官，由朝廷任命地方豪族出任、統治該地區。大化革新後遭到廢止，許多國造紛紛轉任郡司，負責司掌郡國的祭祀神事。

No.059

* 阿豆麻：阿豆麻（あづま）音同吾妻，後世又常以漢字「東」表此音。

No.060

*¹ 冰雨：除冰冷的雨水以外，亦指冰電與雪霰。

*² 稱此地為當藝：「當藝」（たぎ）來自日語的「跟蹌」（たぎたぎしい）。

No.063

* 吾嬬啊：同《古事記》記載倭建命所嘆「吾妻啊」。

專欄：愛奴神話

*¹ 日高地區：日高乃北海道舊郡國名，相當於現在的日高振興局管轄區域，位於北海道中南部。

*² 雨鱒：即遠東紅點鮭（Salvelinus leucomaenis），又名白斑紅點鮭。分布於西太平洋區，包括俄羅斯遠東地區、日本、朝鮮半島、中國東北、美國阿拉斯加州，屬迴遊性魚類。其多生活於日本，有陸封型種。

No.073

*¹ 神體：請參照P.227頁No.035注釋。

*² 歸化人：指來自海外其他國家歸化於日本者，從前以朝鮮人最多。

*修驗者：又作山伏（やまぶし），也就是伏於山野之中修習法力的咒術者，是為達成民眾願望而使用咒法的僧侶。修驗道在發展過程當中吸收了密教與陰陽道等各派咒法，因此可以說是日本咒法的複合體。

*八合目：富士山海拔3776公尺，其中八合目相當於標高3350公尺處。

*1 役行者：即役小角，是日本修驗道始祖，大和國葛城上郡茅原村（今奈良縣御所市茅原）人，是飛鳥時代至奈良時代的知名咒術師。史料中只有《續日本紀》提到他，最有名的則是《日本現報善惡靈異記》。

*2 塞神：即所謂岐神、巷神、辻神、道祖神，是日本民間信仰中阻擋疾病災害、惡鬼幽靈進入聚落的神祇。

*3 連歌：古時候日本人會舉辦連歌會，眾人聚集起來蹈循和歌五七五七七的音節韻律輪流連續創作和歌，以為遊戲。

*4「時は今 あめが下しる 五月哉」：這首和歌本意為「現在的季節是陰雨連綿的五月」，因日語「雨」與「天下」音同（あめ），後世將這首歌解釋為明智光秀假托歌詠季節，實則暗表其取天下之心。

*5 治天下：音同「あめが下しる」。

*1 白血長血病：兩者均為婦女病，白血亦即所謂白帶，長血則是指女性長期有子宮不規則性出血的病症。

*2 蘿摩：請參照P.227頁No.036注釋。

*1 濕婆（Siva）：婆羅門教和印度教主神之一，即毀滅之神、苦行之神、舞蹈之神。與梵天、毗濕奴並稱為婆羅門教和印度教三大主神。印度教認為「毀滅」有「再生」的意思，故表示生殖能力的男性生殖器「林伽」（Linga）被認為是他的象徵，受到教徒的崇拜。據稱他終年在喜馬拉雅山上修苦行；還善於跳舞，是剛柔兩種舞蹈的創造者，被稱為「舞王」。

*2 婆羅賀摩（Brahma）：印度教中與毗濕奴、濕婆並列三大神。婆羅賀摩創造世界，毗濕奴加以維持，而濕婆則是負責破壞。佛教將其採用後改稱梵天。

*3 俱毗羅（Kubera）：婆羅門教、印度教的財神。世上一切富的守護者，北方的保護神，又是夜叉和緊那羅的王。羅波那（《羅摩衍那》中的魔怪名）的同父異母兄弟。相貌醜陋，三條腿，八顆牙，只有一隻眼，另一隻眼只是一個黃色痕記。在佛教文獻中，被稱爲護法四天王之一北方毗沙門天王，即「多聞天」。

*4 釋契此：本書文中雖作唐朝人物，然契此和尚實為五代後梁時期僧人，明州奉化（今浙江寧波奉化）人。《宋高僧傳》最早記載其生平，說他「形裁腲𨂛，蹙頞皤腹，言語無恆，寢臥隨處。」據傳後梁貞明3年（917年）

三月，契此和尚圓寂前留一偈語：「彌勒眞彌勒，化身千百億，時時示後
人，時人自不識」，因此契此和尚即爲彌勒菩薩化身的説法便廣爲流傳。

*5 老人星（Canopus）：亦稱船底座 α（Alpha Carinae）。夜空中第二亮星
（僅次於天狼星），目視星等爲-0.73等。位於南天船底座中，離地球約
300光年，由於它與太陽的角距離適合以及鄰近天體的亮度差別大，在控
制太空船的姿態過程中有時被用作導航星。

No.082

*1 坦陀羅（Tantra）：即經咒。論述印度教、佛教和耆那教某些派別中的神
祕修煉的經文。按照印度教經籍的正統分類法，經咒指成書遲於《吠陀》
而與往世書相似的梵文論著，論述神學、瑜珈、建寺立像以及宗教習俗，
但事實上它們往往論述民間印度教的更爲具體的表徵，如咒語、禮儀和標
記。

*2 曼荼羅（Mandara）：曼荼羅是佛教宗派之一的密宗於祭儀中所使用，又
或是爲了表示密宗的世界所描繪出的佛教世界地圖。發源地爲印度，後來
隨著密宗的傳播，傳入中國，傳入西藏、日本。「曼荼羅」是「領悟的境
界」之意。據説是梵文中的manda（本質）+la（得到），換言之，原本是
指「得到本質」之意。因爲該境界圓滿無缺，故也意譯爲用圓輪加以譬喻
的「圓輪具足」。後來轉變爲「有悟之地」的意思，最後變化成「神聖空
間」之意。

*3 最澄（Saicho）：767~822。諡號傳教大師。日本佛教天台宗創始人。13歲
出家，804年到中國留學，將天台宗教義傳入日本。在京都附近比叡山建
寺。他要求僧眾嚴守戒律，隱居比叡山12年。尊敬神道教的神祇並強調佛
教的愛國義務，爲日後日本佛教主流確定發展方向。

No.083

* 丹後：日本舊郡國名，相當於現在的京都府北部地區。

No.084

*1 國司：古代日本律令制下，由中央派遣至諸郡國執掌政務的地方官。

*2 右大臣：古代日本律令制下太政官的長官。位階僅次於太政大臣、左大
臣，負責統理政務。亦稱右府、右丞相、右僕射。

*3 大納言：古代日本律令制下太政官的次官。僅次於大臣，相當於正三位。
與大臣一同參與政務，大臣不在時則由大納言代行。

No.087

* 摺染：將花草樹葉放在布料上、從上方拍打以將布料染色製成的衣料，或
指利用花葉汁液搓揉染色的布料。

No.088

*1 天台密宗：中國佛教宗派之一。隋僧智顗所創，因智顗晚年居住天台山，
故稱爲「天台宗」。以法華經爲主要教義根據，故亦稱爲「法華宗」。強
調止觀雙修的原則，發明一心三觀、圓融三諦、一念三千的道理。以五時

八教判釋整體佛法。天台宗是漢傳佛教中最早一個完全由中國佛教論師所創立的本土性宗派，9世紀由日本僧人最澄傳至日本，盛極一時。宋朝之後，天台宗在中國衰弱，喪失其重要性，卻反而成為日本的重要宗派。

*2 猿樂：日本傳統藝能，是種特技、奇術和滑稽劇的表演。
*3 狩衣：平安時期是貴族的便服，至鎌倉時代則成為貴族與武士的正式服裝或禮服。
*4 蘘荷（Zingiberaceae）：薑科薑屬多年生草本植物。食用器官為花蕾，味芳香微甘，可涼拌或炒食，也可醬藏、鹽漬，富含蛋白質、脂肪、纖維及多種維生素。一般7月中旬至9月中旬收穫。

No.091

*1 阿特拉斯（Atlas）：阿特拉斯屬於泰坦神族，名字的原意是「忍耐者」。他因為與宙斯對抗而戰敗，受命永遠肩負支撐天空的職責。
*2 拿非利人（Nephlim）：見於舊約聖經，包括創世紀6章1～4節、民數記13章33節等處；也見於其他聖經卷和一些非正典猶太人著作。出現在迦南地區的史前巨人，被以色列民族稱為拿非利人。民數記13章33節，以色列人看見這些身量高大的人種，感到極為恐懼。

No.092

*1 散切：剪掉髮髻的髮型。流行於明治初期，被視為文明開化之象徵。
*2 振袖：未婚女性的禮服用長裝，袖子較其他服裝來得更長。是從前未成年及冠的男女穿的衣服。
*3 絣織：日本傳統紡織技法，以事先染色的絲線作紡織的經緯線使用，藉以呈現紋樣的技術。

No.093

* 黑住教、金光教、大本、生長之家：黑住教是岡山縣岡山市今村宮神官黑住宗忠於江戶時代開倉的教派神道，屬神道十三派之一，現任教主為第六代黑住宗晴。金光教與黑住教同為江戶末期所創，屬於教派神道聯合會，也是戰前的神道十三派之一。大本是以國常立尊的神諭為原點的教派神道宗教團體，俗稱「大本教」，但正式名稱並不加「教」字。生長之家乃昭和5年（1930年）谷口雅春所創，是積極從事右翼活動的宗教右派團體。

No.096

* 佛為本地、神為垂迹：「本地」有本體、原本樣貌的涵意，「垂迹」則是指佛與菩薩為承救眾生而化作日本諸神現身。

No.097

* 伽藍神：佛教崇拜的護法神，是佛寺（伽藍）的守護神，專責保衛寺院，甚至是寺院轄區，並不一定特指何人。

中英日名詞對照索引

234

九劃

十劃

十一劃

十二劃

參考文獻

『異神　中世日本の秘教的世界』山本ひろ子 著　平凡社

『インドの神々』斎藤昭俊 著　吉川弘文館

『日本結髪全史　改訂版』江馬務 著　東京創元社

『古語拾遺』斎部広成 撰　西宮一民 校注　岩波書店

『古事記』倉野憲司 校注　岩波書店

『古事記』梅原猛 著　学習研究社

『古事記（上・中・下）』次田真幸 全訳注　講談社

『古代出雲大社の復元　失われたかたちを求めて』大林組プロジェクトチーム 編著　学生社

『古代日本正史　記紀以前の資料による』原田常治 著　同志社

『こんなに身近な日本の神々』安蘇谷正彦　毎日新聞社

『上代日本正史　神武天皇から応神天皇まで』原田常治 著　同志社

『続日本紀　全現代語訳（上・中・下）』宇治谷孟 著　講談社

『新視点『古事記』『日本書紀』の神々　別冊歴史読本第29巻22号』新人物往来社

『新宗教事典』井上順孝、孝本貢、対馬路人、中牧弘允、西山茂 編　弘文堂

『官職要解　新訂』和田英松 著　所功 校訂　講談社

『神道　日本史小百科』伊藤聡、遠藤潤、松尾恒一、森瑞枝 著　東京堂出版

『神道集』貴志正造 訳　平凡社

『神道大系　古典編　延喜式（上・下）』神道大系編纂会 編　神道大系編纂会

『神道の本　Books Esoterica2』学習研究社

『神秘の道具　日本編』戸部民夫 著　新紀元社

『神話の系譜　日本神話の源流をさぐる』大林太良 著　青土社

『全国神社大要覧』大竹伸宜 監修　リッチマインド出版事業部

『先代旧事本紀訓註』ルーツの会 編　大野七三 校訂編集　批評社

『高橋氏文注釈』上代文献を読む会 編　翰林書房

『定本柳田國男集　第5巻』柳田國男 著　筑摩書房

『日本陰陽道史話』村山修一 著　大阪書籍

『日本神さま事典』三橋健、白山芳太郎 編著　大法輪閣

『日本宗教事典』村上重良 著　講談社

『日本書紀（1〜5）』坂本太郎、家永三郎、井上光貞、大野晋 校注　岩波書店

『日本書紀　全現代語訳（上・下）』宇治谷孟 著　講談社

『新・日本神社100選』臼田甚五郎 監修　秋田書店

『日本神話事典』大林太良、吉田敦彦 監修　青木周平ほか 編　大和書房

『日本の髪形と髪飾りの歴史』橋本澄子 著　源流社

『日本の神々『先代旧事本紀』の復権』上田正昭、鎌田純一 著　大和書房

『日本の神々　多彩な民俗神たち』戸部民夫 著　新紀元社

『日本の神社を知る事典』菅田正昭 著　日本文芸社

『日本の神話伝説』吉田敦彦、古川のり子 著　青土社

『日本の民俗宗教』宮家準 著　講談社

『日本仏教史　思想史としてのアプローチ』末木文美士 著　新潮社

『風土記』吉野裕 訳　平凡社

『民間信仰辞典』桜井徳太郎 編　東京堂出版

『八百万の神々　日本の神霊たちのプロフィール』戸部民夫 著　新紀元社

國家圖書館出版品預行編目資料

圖解日本神話／山北 篤著；王書銘譯.－初版.－臺北
市：奇幻基地出版：家庭傳媒城邦分公司發行；民
2013.1
面： 公分. --（F-Maps：014）
譯自：図解日本神話
ISBN 978-986-5880-60-6（平裝）
1. 神話 2. 日本

283.1 102026540

F-Maps 014

圖解日本神話

原 著 書 名／図解 日本神話
作 者／山北 篤 企劃選書人／楊秀眞
譯 者／王書銘 責 任 編 輯／王雪莉

版權行政暨數位業務專員／陳玉鈴
資深版權專員／許儀盈
行 銷 企 劃／陳姿億
行銷業務經理／李振東
總 編 輯／王雪莉
發 行 人／何飛鵬
法 律 顧 問／元禾法律事務所 王子文律師
出 版／奇幻基地出版
城邦文化事業股份有限公司
台北市104民生東路2段141號8樓
電話：(02)25007008 傳眞：(02)25027676
網址：www.ffoundation.com.tw
e-mail：ffoundation@cite.com.tw
發 行／英屬蓋曼群島商家庭傳媒股份有限公司城邦分公司
聯絡地址：台北市104民生東路2段141號11樓
書虫客服服務專線：02-25007718；25007719
24小時傳眞專線：02-25001990；25001991
服務時間：週一至週五上午09:30-12:00；下午13:30-17:00
劃撥帳號：19863813；戶名：書虫股份有限公司
讀者服務信箱：service@readingclub.com.tw
歡迎光臨城邦讀書花園 網址：www.cite.com.tw
香港發行所／城邦（香港）出版集團有限公司
香港灣仔駱克道 193 號東超商業中心 1 樓
電話：(852) 2508-6231 傳眞：(852) 2578-9337
e-mail：hkcite@biznetvigator.com
馬新發行所／城邦（馬新）出版集團 Cite (M) Sdn Bhd
41, Jalan Radin Anum, Bandar Baru Seri Petaling, 57000 Kuala Lumpur, Malaysia.
電話：603-90578822 傳眞：603-90576622
email：cite@cite.com.my

封 面 設 計／黃聖文
排 版／浩瀚電腦排版股份有限公司
印 刷／高典印刷有限公司

■2014年（民103）1月22日初版 Printed in Taiwan.
■2022年（民111）6月2日初版6.5刷

售價／330元

ZUKAI NIHON SHINWA by YAMAKITA Atsushi
Illustrations by SHIBUYA Yuji, SHIBUYA Chizuru
Copyright © 2011 YAMAKITA Atsushi
All rights reserved.
Originally published in Japan by Shinkigensha Co Ltd.
Chinese (in complex character only) translation rights arranged with Shinkigensha Co Ltd, Japan
through THE SAKAI AGENCY.
Complex Chinese translation copyright © 2014 by Fantasy Foundation Publications, a
division of Cité Publishing Ltd.

104台北市民生東路二段141號11樓

英屬蓋曼群島商家庭傳媒股份有限公司城邦分公司 收

請沿虛線對擢，謝謝

每個人都有一本奇幻文學的啟蒙書

奇幻基地官網：http://www.ffoundation.com.tw
奇幻基地粉絲團：http://www.facebook.com/ffoundation

書號：1HP014　　　書名：圖解日本神話

奇幻戰隊 **好讀有禮** 集點贈獎活動

活動期間，購買奇幻基地作品，剪下封底折口的點數券，集到一定數量，寄回本公司，即可依點數多寡兌換獎品。

【集點處】
（點數與回函卡皆影印無效）

1	6	11
2	7	12
3	8	13
4	9	14
5	10	15

點數兌換獎品說明：

5點 奇幻戰隊好書袋一個

10點 2012年布蘭登・山德森來台紀念T恤一件
有S&M兩種尺寸，偏大，由奇幻基地自行判斷出貨

15點 【蕭青陽獨家設計】典藏限量精繡帆布書袋
紅線或銀灰線繡於書袋上，顏色隨機出貨

兌換辦法：

2014年2月～2015年1月奇幻基地出版之作品中，剪下回函卡頁上之點數，集滿規定之點數，貼在右邊集點處，即可寄回兌換贈品。

【活動日期】：即日起至2015年1月31日
【兌換日期】：即日起至2015年3月31日（郵戳為憑）

其他說明：

＊請以正楷寫明收件人真實姓名、地址、電話與email，
　以便聯繫。若因字跡潦草，導致無法聯繫，視同棄權
＊兌換之贈品數量有限，若贈送完畢，將不另行通知，
　直接以其他等值商品代之
＊本活動限臺澎金馬地區讀者

為提供訂購、行銷、客戶管理或其他合於營業登記項目或章程
所定業務之目的，英屬蓋曼群島商家庭傳媒（股）公司城邦分公司，於本集團之營運期間及地區內，將以電郵、傳真、電話、簡訊、郵寄或其他公告方式利用您提供之資料（資料類別：C001、C002、C003、C011等）。利用對象除本集團外，亦可能包括相關服務的協力機構。如您有依個資法第三條或其他需服務之處，得致電本公司客服中心電話(02)25007718請求協助。相關資料如為非必要項目，不提供亦不影響您的權益。

個人資料：

姓名：＿＿＿＿＿＿＿＿＿＿＿＿＿＿＿＿　性別：□男 □女

地址：＿＿＿＿＿＿＿＿＿＿＿＿＿＿＿＿＿＿＿＿＿＿＿＿＿

電話：＿＿＿＿＿＿＿＿＿＿　email：＿＿＿＿＿＿＿＿＿＿

想對奇幻基地說的話：＿＿＿＿＿＿＿＿＿＿＿＿＿＿＿＿＿＿